OUVIR O SOM

Paulo Zuben

Ouvir o Som

ASPECTOS DE ORGANIZAÇÃO
NA MÚSICA DO SÉCULO XX

FAPESP

Æ
Ateliê Editorial

Dados Internacionais de Catalogação na Publicação (CIP)
(Câmara Brasileira do Livro, SP, Brasil)

Zuben, Paulo
    Ouvir o som: aspectos de organização na música
do Século XX / Paulo Zuben. – Cotia, SP: Ateliê
Editorial, 2005.

    Apoio: Fapesp.
    Bibliografia.
    ISBN 85-7480-268-9

    1. Música – Filosofia 2. Música – Século 20
3. Som I. Título. II. Título: Aspectos de
organização na música do Século XX.

05-3605   CDD-781.23

        Índices para catálogo sistemático:

    1. Música: Som   781.23
    2. Som musical   781.23

Direitos reservados à
ATELIÊ EDITORIAL
Estrada da Aldeia de Carapicuíba, 897
06709-300 – Granja Viana – Cotia – SP
Telefax (11) 4612-9666
www.atelie.com.br / atelie_editorial@uol.com.br
2005

Printed in Brazil
Foi feito depósito legal

SUMÁRIO

Agradecimentos

À minha família, Arnaldo, Maria Lúcia, Kika, Suzana e Maurício, pelo apoio constante durante este trabalho.

Ao meu orientador Silvio Ferraz, pela amizade e pelos conselhos, explicações e apoio durante toda minha formação musical até este momento.

Aos meus professores e amigos Flo Menezes e Marcos Mesquita, pela inestimável generosidade e enorme carinho com que vêm me ensinando durante todos esses anos.

Aos meus professores Vera Cury, Roberto Dante Cavalheiro Filho, Ítalo Perón e Yara Caznok, pela amizade, conhecimento, experiências e disponibilidade sempre oferecidos.

À professora Maria Lúcia Pascoal, pela leitura atenta e pelas importantes observações sobre este trabalho.

Aos meus sempre amigos Maurício Ayer e Rodrigo Fonseca, pela seriedade com que vêm trilhando seus caminhos pela literatura e música.

A Leonardo Martinelli, pela grande ajuda na preparação dos exemplos musicais deste livro.

Ao CDMC de Campinas, especialmente ao seu diretor, José Augusto Mannis, pelo empréstimo de partituras e livros para consulta.

À Fapesp, que financiou e possibilitou esta pesquisa.

PREFÁCIO

Caro Paulo,

Quando a gente se põe a orientar um trabalho acadêmico sempre acaba alimentando algumas expectativas. Como se os elementos de que dispomos naqueles encontros de orientação fossem o suficiente e pudessem determinar o rumo de uma pesquisa. É claro, orientamos sempre aquilo que nos é próximo. E é esta mesma proximidade temática que nos faz crer em uma filiação entre a pesquisa que nasce e a pesquisa que já estamos realizando. Como se o orientando pegasse no meio o processo de pesquisa do orientador e do grupo de pesquisa no qual acaba de ingressar.

O bom disso tudo é que as expectativas muitas vezes aumentam ainda mais, como se cada ponto colocado em aulas, reuniões, fosse uma espécie de fio da meada, que desenrolado leva de uma questão a outra, desfazendo a fácil herança, a filiação, para abrir as portas a conexões de outro tipo, contágios… até que ninguém sabe mais de onde vêm as idéias. É como se houvesse toda uma comunidade de pensamento escrevendo junto a cada momento, mas uma comunidade que não existia antes, que se forma ali na escritura da dissertação, da tese.

* * *

O século XX, como todos os outros séculos, viu nascer uma série de propostas. No campo estrito da música – se é que se pode falar em campo estrito –, viu sobretudo o surgimento de uma música que não era mais para ser cantada nas comunidades, nem mais para ser dançada, uma música que ninguém mais usaria para cantar uma amiga, uma partida, um amigo. Viu também nascer toda uma outra força que se apoderou daquela música que se dançava e cantava para torná-la o motor de uma sociedade de disciplinas e controles dissimulados. De um lado, uma música que não canta mais; de outro, uma que faz marchar.

Mas o que é essa música que não canta mais, como seria possível uma música que não canta mais? É ela que não canta mais ou somos nós que não sabemos cantá-la?

O interessante na questão é que talvez uma de suas principais forças seja aquela que não está no campo estrito da música. Aquela que desfaz esse campo estrito e que diz: música é tornar sonoras forças que não são do universo do som; tornar sonoro o amor, tornar sonora a morte…, tornar sonora a cor.

É um pouco seguindo esse viés de pensamento que leio seu trabalho e que tento aqui apresentá-lo para quem ainda não o leu.

Tornar sonora a cor. Que cor é essa da qual estamos falando? É comum a todos que a cor está para a pintura, o espaço está para a arquitetura, a espessura está para a escultura e o som é que está para a música. Ora, um caminho simples desses e notamos que o som está para a música assim como a cor está para a pintura. E que a primeira tentativa, aquela mais direta, seria a de fazer cantar a cor naquilo que de cor encontramos no som: suas nuanças.

* * *

Um caminho nada simples de conexões imprevistas leva a música a cantar e a dançar o som, e não mais nos moldes da outra tristemente amordaçada por uma tradição plana. Primeiro uma conexão com a pintura. Porém cabe perguntar de que modo essa conexão e os resultados que proporciona, a um compositor como Debussy, por exemplo, ganham corpo e se instalam em meio a outras práticas musicais bastante diversas da de Debussy?

Como disse um pouco acima, o caminho não é de filiações, mas de contágios. Pensemos na música tonal, na música de Haydn, Mozart e Beethoven. Ela se vale de todo um sistema de relações entre as notas musicais que exige uma espécie de equilíbrio. Quando montamos um acorde nesse tipo de música estamos sempre privilegiando uma de suas notas, ou uma seqüência de notas que se desenha entre os acordes, seqüência esta que, se camuflada, desfaz a precisão de meu encadeamento. Ou seja, quando desenho meu acorde e o destino a dois, três, quatro ou mais instrumentos, preciso manter o equilíbrio entre as notas. Um instrumento que toca em uma região forte de sua tessitura altera fatalmente o equilíbrio de um grupo em que outros instrumentos tocam em uma região mais branda. É este um dos problemas que têm à mão os compositores do Classicismo: o equilíbrio entre as notas de um acorde.

Um problema que parece solto, mas que podemos entrecruzar com um problema anterior. A música barroca assiste a diversos tipos de composição, as *Canzonas* de Frescobaldi, a *Arte da Fuga* de Bach, que não são destinadas a um instrumento específico, e as obras de Monteverdi, Corelli e Vivaldi, que não só se destinam a um instrumento, experimentando uma espécie de virtuosismo, como muitas vezes exploram recursos que variam a sonoridade do instrumento, levando a gama de recursos expressivos para além da nota musical.

Desenhando linhas de conexões, teríamos a sonoridade expressiva e a sonoridade em função do equilíbrio. Ainda não estamos falando de um em-si da sonoridade. Faltaria ainda um ponto, o da sonoridade metáfora, do som-igual-cor, obra de diversos compositores, dentre os quais sempre destacamos Claude Debussy. Mas Debussy é um exemplo simples, sua música nasce em meio a um ambiente de cores: Impressionismo, Fauvismo, os coloristas holandeses, e por aí vai! Mas é a partir daí que se torna mais fácil falar em uma cor do som, mesmo que a idéia já viesse imaginada desde o Renascimento.

* * *

Como os trabalhos se cruzam, não tenho como deixar de fazer aqui referência ao trabalho de outro colega, o de Sérgio Freire, quando ele chama a atenção para o alto-falante como instrumento principal da música do pós-guerra. E falamos aqui da música em um sentido largo, aquela triste (cujos traços de alegria ainda resistem nas mãos de alguns grandes cancionistas, como Chico Buarque de Holanda e Paulinho da Viola, ou de alguns cantadores como Elomar Figueira) e aquela distante, sem terra. Alto-falante e micro-fone. Dos DJ's da nova eletrônica aos vanguardistas da nova eletroacústica, é de acusmática que estamos falando. Acusmática, este termo tortamente tomado de empréstimo por Pierre Schaeffer para falar de uma escuta em que não temos a presença tátil-visual da fonte que primeiro produziu o som. Ouço uma voz no rádio, no telefone, na cabine do elevador, e não vejo quem fala. Estamos o tempo todo imersos em sons, em sons que vêm sabe-se lá de onde. Ouvimos o mundo com a janela fechada, e daí nosso grande paradoxo que você persegue de modo detalhado no seu trabalho: cegos, nos colocamos a ouvir o som como se fosse nossa visão, e "vemos" cores, precisamos de cores. Por todos os cantos, precisamos de cores no som. As invenções cambaleiam de um ponto a outro, da música experimental à indústria de desenvolvimento de aparelhos de som domésticos. Ouvimos tão acuradamente, que é como se o ouvido fosse o único órgão de sentido ainda livre, que distingue *Low* e *Hi fidelity* (loufai e raifai!). E o seu trabalho mostra como, passo a passo, essa presença acusmática do som foi se fazendo presente e abrindo um grande campo de experimentação para todo um grupo de compositores e instrumentistas, e não é à toa que a garotada sempre se reúne "pra-ouvir-um-som!".

* * *

Noto que em *Ouvir o Som* são muitos os percursos escolhidos. O primeiro toma a passagem da cor, da sonoridade, de atributo negativo a uma funcionalidade estrutural positiva, até finalmente tornar-se uma dimensão autônoma nos últimos anos do século XX. O ponto de partida é aquele que se localiza no pensamento de uma música de "funções", como defende Theodor W. Adorno. E é este mesmo pensamento que abrirá o caminho para a inclusão não-marginal da sonoridade, da cor. Se para Adorno a cor é um atributo criticável na obra de Igor Stravinsky por sua falta de funcionalidade, será esta mesma funcionalidade a porta de inclusão da cor nas principais correntes da vanguarda das décadas de 1950 e 1960, quando compositores do serialismo integral passam a fazer uso da cor como modo de tornar clara a forma. Se a matriz de Stravinsky era Debussy (o Impressionismo e o Fauvismo), a dos serialistas, como Stockhausen e Boulez, será a melodia de timbres de Webern e as possibilidades abertas por Olivier Messiaen, quando a cor ganha o mesmo estatuto das notas, das durações, juntamente com as intensidades. Com as experiências de Messiaen vislumbra-se uma música que é pura permutação, e que se faz da cor. Mas mesmo aqui a cor ainda não assumiu o estatuto de função, de elemento estruturante de uma composição musical. Tomando aqui a posição de Gÿorgi Ligeti em seu artigo "Wandlungen der musicalischen Form", o principal momento de inclusão dessa funcionalidade da cor virá com *Gruppen* de K. Stockhausen. Incluída no processo, como elemento funcionalmente explicável, o passo seguinte é o da volta da cor como cor-em-si, como dimensão composicional, como tema. Uma pequena guinada para trás, com Varèse, um cruzamento quase que casual de compositores franceses com Giacinto Scelsi, e nasce a música espectral, a música dos sons. O tema agora é o som.

∗ ∗ ∗

O tema é o som, mas o som não esteve sempre na música? Poderíamos dizer que sim, mas foi necessário que mudássemos o lugar de ouvir. Que, assim como Copérnico, nos colocássemos fora da nota musical para finalmente enxergar o som que a carregava. E esta é a forte lição de *Ouvir o Som*: não se compõe música só com notas, nunca se compôs música só com notas, mas foi possível acreditar que se compunha só com notas, e existe toda uma escola composicional que ainda quer assim. Mas mesmo quando não se presta atenção, é preciso dizer que não se compõe sem o som, e que sua presença pede todo um redimensionamento do pensamento musical antes tranqüilamente montado sobre as notas, pensamento este que permeia esta sua cartografia da música do século XX. E que, se antes o som era mero adorno, ou função, agora a ausência de cor revela a opacidade de certas músicas e a vivacidade de outras. O som fez-se dimensão, lugar de pensamento.

Silvio Ferraz

Introdução

Dentre as vertentes surgidas na música de concerto durante o século XX, encontram-se algumas em que os compositores utilizam o timbre como o principal elemento de organização e estruturação de suas obras musicais. Como essas vertentes são o objeto de estudo deste livro, é preciso esclarecer como o termo "timbre" deve aqui ser compreendido. Portanto, é conveniente relembrar algumas definições de importantes músicos e teóricos do século XX.

Segundo explica o compositor francês Pierre Schaeffer (1910-1995), em seu *Tratado dos Objetos Musicais*, é preciso fazer uma distinção entre o que chamamos de timbre de um instrumento e de timbre de um som, este referente a um objeto sonoro, aquele à indicação da fonte sonora (Schaeffer, 1966, pp. 232-233). Para Schaeffer, o timbre de um som é percebido como uma variação de seu conteúdo harmônico e de sua evolução dinâmica, sendo que, nos casos de sons breves ou de duração média, o ataque tem um papel decisivo (Schaeffer, 1966, pp. 216-231).

As experiências musicais de Schaeffer e de seus companheiros de trabalho, realizadas a partir de 1948 na rádio ORTF de Paris e depois, entre 1951 e 1952, no mesmo local, com a criação do GRMC (Groupe de Recherche de Musique Concrète) e, posteriormente, entre 1958 e 1960, do GRM (Groupe de Recherches Musicales), são fundamentais para a reflexão sobre a escuta do material sonoro e a compreensão do projeto de composição sobre o timbre. É a partir da noção de matéria concreta, ou, como define Schaeffer, objeto sonoro, que o grupo de compositores denominados músicos concretos inicia seu trabalho de composição. Com o advento da gravação em fita magnética, os músicos concretos passam a manipular o material sonoro de forma inovadora. Não mais dependendo somente dos sons obtidos por meio da notação musical, iniciam um trabalho de composição diretamente sobre as possibilidades de transformação da matéria sonora concreta.

Mas a questão não se limita simplesmente às novas possibilidades tecnológicas. Schaeffer define o termo objeto sonoro propondo uma escuta que transcende o sujeito, isto é, aquela em que se esquece a significação e isola-se o fenômeno sonoro: a escuta reduzida (Schaeffer, 1966, pp. 270-272). A proposta de Schaeffer de escuta do objeto sonoro se realiza no momento em que, retirada a significação atribuída ao elemento sonoro, permanece somente a matéria, com suas variações texturais, sua cor, enfim, o fenômeno sonoro isolado. Forma e matéria sonora estão associadas, respectivamente, à significação e ao fenômeno musical. E o fenômeno musical só pode emergir por meio da variação da matéria destituída de significação. Pode-se exemplificar essa escuta reduzida com o processo de repetição contínua de uma palavra qualquer até a perda de sua identificação e sua saturação semântica, permitindo que apenas a variação da matéria e com ela o fenômeno musical permaneçam e sejam percebidos.

No entanto, é a análise e classificação dos objetos sonoros, que Schaeffer designa por *Solfejo dos Objetos Musicais*, que traz contribuições decisivas para a formulação teórica da música da segunda metade do século XX. Ele consegue "[...] trazer ao domínio da consciência auditiva um conhecimento profundo da matéria sonora em seus diversos aspectos [...]" (Menezes, 1996, p. 21), possibilitando não só sua descrição, mas, principalmente, auxiliando na percepção do fenômeno sonoro.

Já o compositor e regente francês Pierre Boulez (1925-) afirma que o timbre tem tanto um dado objetivo, quantificável enquanto fenômeno acústico, quanto um dado subjetivo, um aspecto qualitativo, constituinte de uma linguagem musical (Boulez, 1991). O resultado qualitativo do timbre é, então, uma função complexa dos parâmetros quantitativos de freqüências, intensidades e durações. Para Boulez, a linguagem musical sempre esteve baseada em identidades reconhecíveis de seus elementos constituintes, como, por exemplo, o fato de que uma nota ré sempre será ré, independentemente do instrumento que a emite (Boulez, 1991, p. 543). Quando o compositor passa a trabalhar diretamente com o timbre, a importância da noção de quantificação de elementos como freqüências, intensidades e durações torna-se muito maior. Se antes os elementos já estavam estabelecidos e eram percebidos em categorias definidas na estruturação do discurso musical – como no caso das relações harmônicas, em que a quantidade de notas sobrepostas definia intervalos, tríades, tétrades e outros tipos de acordes específicos –, agora o compositor deve lidar com múltiplas e variáveis categorias. A percepção da nova função do timbre na composição, definida pelo interesse qualitativo dos objetos sonoros no contexto de uma obra, exige tanto um difícil trabalho de síntese dos elementos constituintes como o estabelecimento eficaz de relações entre eles. Sobre a relação entre timbre e estruturação musical, Boulez afirma:

> As possibilidades funcionais do timbre só me parecem válidas se ligadas à linguagem e à articulação do discurso por meio de relações estruturais; o timbre, ao mesmo tempo, tanto explica como mascara. Ele não é nada sem o discurso, mas também pode ser todo o discurso[1].

Segundo Boulez, a ilusão de timbre também pode ser criada com a harmonia (Boulez, 1991, p. 547). Em certas circunstâncias, nossa percepção de um acorde se dá como uma mistura de timbres e não como uma sobreposição de alturas. Nesses casos, "as relações intervalares verticais estão ali para criar um objeto sonoro e não para estabelecer relações funcionais"[2]. A fusão das notas, principalmente quando tocadas por instrumentos diferentes, cria mais do que um acorde, cria um objeto sonoro complexo. Essa mesma técnica de sobreposição, acumulação ou fusão de sons em complexos maiores, quando utilizada nos grandes grupos orquestrais, permite a criação de compostos tímbricos simultâneos e heterogêneos.

Ainda segundo Boulez, o timbre só existe esteticamente quando está diretamente ligado à constituição propriamente dita do objeto musical (Boulez, 1991, p. 545). A identidade estética só acontece se há a composição, a escritura [*écriture*]. Para Boulez (Boulez, 1991, pp. 545-546), existem dois tipos de escritura composicional: a interna e a externa. A escritura pode situar-se no interior dos objetos, para os construir, como no caso da síntese de complexos sonoros, ou no exterior, para os organizar formalmente.

1. Cf. Boulez, 1991, p. 548 (trad. do Autor).
2. Cf. Boulez, 1991, p. 547 (trad. do Autor).

A composição sobre o timbre traz mudanças significativas nos aspectos de elaboração formal das obras – escritura externa – e, principalmente, na construção e escolha do material sonoro sobre o qual os compositores se debruçam – escritura interna. Mas essas transformações, tanto na forma como no material sonoro, já vinham sendo sugeridas e propagadas desde o início do século XX, principalmente por meio das idéias propostas nos manifestos futuristas, entre estes o do compositor e pianista ítalo-germânico Ferruccio Busoni (1866-1924) de 1907[3], o de Balilla Pratella (1880-1955) de 1911[4] e o de Luigi Russolo (1885-1947) de 1913[5]. Novas idéias, como a de considerar a inarmonia e o ruído como uma conquista, a utilização das máquinas e da eletricidade na composição, o abandono das formas clássico-românticas, a ampliação do âmbito sonoro por meio da divisão contínua do espectro freqüencial e da eliminação do sistema temperado, foram sendo progressivamente adotadas pelos compositores da época, tornando-se essenciais para algumas correntes estéticas que buscaram alternativas em relação ao sistema tonal durante o século XX.

Este livro apresenta o curso dos principais eventos e tendências que definiram essa nova linguagem musical construída a partir do timbre, definido, aqui, não como sendo o parâmetro que nos possibilita diferenciar se uma nota de mesma altura, duração e intensidade é emitida por um ou outro instrumento (uma viola ou um clarinete, por exemplo), mas como a palavra que define o som na sua particularidade e totalidade simultaneamente, admitindo que sua complexidade é proveniente da combinação no tempo de suas freqüências e energias.

3. Cf. Busoni, 1966.
4. Cf. Pratella, 1980.
5. Cf. Russolo, 1996.

Os capítulos aqui apresentados tratam das formas de organização e agenciamento do material sonoro usadas por compositores do século XX em suas obras, do timbre como dimensão composicional produtiva e da noção de processo em música, isto é, dos procedimentos de escritura que tornam sensível a transformação contínua do som como o principal aspecto da composição.

1. Forma

Veremos neste capítulo algumas importantes formas de organização e agenciamento do material sonoro usadas por compositores do século XX em suas obras.

1.1. Justaposição de Blocos: A Montagem e o Corte

A montagem é um processo de junção seqüencial de partes para a constituição de um todo. Em música, o termo designa habitualmente a técnica de organização formal por justaposição de estruturas, muito embora a disposição de uma montagem sonora possa se dar também por sobreposição. Aqui, veremos inicialmente como eventos musicais são colocados uns ao lado dos outros, criando uma sucessão de blocos de planos sonoros distintos. Mais adiante, analisaremos como eventos musicais heterogêneos podem ser sobrepostos. Tanto a montagem quanto o corte vertical, ruptura instantânea do discurso, são técnicas alternativas à forma contínua de desenvolvimento, predominante na música tonal até o século XIX, que Theodor Adorno (1903-1969) define como "forma musical dinâmica" (Adorno, 1989, p. 128).

Tendo dominado toda a música ocidental desde a Escola de Mannheim até a Segunda Escola de Viena, a forma musical dinâmica, segundo Adorno, "pressupõe precisamente o motivo, embora infinitamente pequeno, identificado e destacado claramente" (Adorno, 1989, p. 128). Colocando a memória como veículo essencial para a apreensão da organização do discurso musical, Adorno complementa em relação ao motivo: "Sua dissolução e variação realizam-se unicamente frente à imagem que dele se conserva na memória" (Adorno, 1989, p. 128). A forma musical dinâmica, o processo de gênese e proliferação a partir do motivo, o "surgir do nada das grandes formas musicais em contínuo movimento" (Adorno, 1989, p. 127), constituem, para Adorno, as idéias principais de Beethoven (1770-1827). Seus motivos, "embora em si mesmos fórmulas insignificantes de relações tonais fundamentais, são sempre determinados e têm uma identidade" (Adorno, 1989, pp. 127-128). Isso permite suas identificações claras em posteriores transformações e eliminações. Evitar essa identidade é, segundo Adorno, uma das tarefas primárias da técnica composicional stravinskiana, que repete motivos temáticos sem lhes impingir desenvolvimento – ou "conseqüências", como define o compositor austríaco Arnold Schoenberg (1874-1951) em seu livro *Fundamentos da Composição Musical* (Schoenberg, 1993, p. 36). Para Adorno, a ausência do "processo de gênese" (Adorno, 1989, p. 128) elimina a clareza formal, a continuidade musical e a própria vida da música.

Adorno, em sua crítica à falta de desenvolvimento e a atemporalidade devido à montagem de elementos díspares na obra do compositor russo Igor Stravinsky (1882-1971), especialmente na peça orquestral *A Sagração da Primavera* (1913), afirma (Adorno, 1989, p. 144):

> A composição não se realiza através do desenvolvimento, mas em virtude dos hiatos que a marcam. Estes assumem a função que antes tocava à expressão, analogamente ao que declarou Eisenstein referindo-se à montagem cinematográfica: o "conceito geral", o significado, a síntese dos elementos parciais da obra projetada derivariam precisamente de sua justaposição como justaposição de elementos separados. Mas de igual maneira se dissocia a continuidade temporal da obra. A música de Stravinsky é um fenômeno marginal, [...], porque evita a discussão dialética com o decurso musical no tempo, discussão que representa a essência de toda a grande música, desde Bach.

A técnica de montagem de blocos sonoros com cores tímbricas características já pode ser encontrada anteriormente a Stravinsky, principalmente na obra do compositor francês Claude Debussy (1862-1918). Segundo Adorno, é na "atomização debussiana do corte melódico" (Adorno, 1989, p. 119) que o meio compacto de coincidência de manchas sonoras se define como um bloco. A analogia adorniana entre a técnica musical de justaposição de planos sonoros diferentes e a técnica cinematográfica da montagem, consagrada pelo cineasta russo Sergei Eisenstein em filmes como *O Encouraçado Potemkim* (1925), realça a conseqüência desse processo na descontinuidade do decurso temporal. Apesar de o efeito resultante dos cortes e da montagem não ser mais o de um tempo linear progressivo, como aponta Adorno, outros interessantes tipos de percursos podem ser criados com o auxílio da técnica de sobreposição, como os distintos fluxos temporais simultâneos. Veremos mais adiante como isso acontece.

A influência do pensamento de Debussy em Stravinsky encontra-se tanto nas melodias de reduzidas dimensões – que para

Adorno são fragmentos desgastados (Adorno, 1989, p. 119n) que se transformam em um "mero valor de função harmônica", em "arquétipos melódicos" –, quanto nas harmonias que estão sempre em suspenso e que se subtraem à "gravitação do procedimento dos acordes por graus harmônicos" (Adorno, 1989, p. 113). Adorno relaciona a atemporalidade musical em Debussy à "sensação de decepcionada expectativa" (Adorno, 1989, p. 144), causada pela ausência de um processo de tensões e resoluções, que é substituído por um processo de justaposição de cores e superfícies, como o de um quadro. Segundo Adorno, as harmonias de Debussy, ao invés de expressarem as tensões dos graus harmônicos dentro da própria tonalidade ou por meio de modulações, desprendem-se como complexos harmônicos estáticos em si mesmos e permutáveis no tempo. O jogo de forças exclui da música o desenvolvimento e as formas tradicionais, realçando a atomização da substância temática e o colorido tímbrico que se impõe sobre os complexos harmônicos. Para Adorno, em Stravinsky, os acordes da *Sagração*, por exemplo, "funcionam como cores e não têm função construtiva" (Adorno, 1989, p. 119) e "a base harmônico-rítmica devida ao *ostinato* permite desde o início seguir facilmente a música, apesar de toda a sua aspereza dissonante" (Adorno, 1989, p. 120). Em relação à utilização do contraponto, Adorno aponta seu uso bastante raro em Stravinsky, geralmente aparecendo "nas oblíquas interferências de fragmentos temáticos" (Adorno, 1989, p. 120), como no empilhamento dos diversos temas melódicos na *Introduction* da primeira parte da *Sagração*[1].

---

1. Os títulos das obras citadas, cujos nomes são mais conhecidos na sua versão em português, estão traduzidos neste livro. Nos outros casos, está conservado o nome original da publicação da obra. O mesmo procedimento é utilizado para os nomes das peças ou partes constituintes de uma obra maior.

Adorno ainda afirma que a música de Stravinsky busca a persistência do foco da percepção no instante, no momento, inviabilizando a experiência calcada nas recordações e na memória, no retorno ao passado; uma música que "não conhece a lembrança e nem tampouco a continuidade temporal" (Adorno, 1989, p. 128). Para Adorno, isso se revelaria como um tabu na música de Stravinsky, quando notamos que as repetições deveriam ser entendidas como meios para extirpar da música o passado que ela própria pretende proteger, detendo a duração, ou seja, a "dimensão da recordação" (Adorno, 1989, p. 148n).

Adorno considera o tipo de corte e de conexão entre os blocos sonoros como o elemento diferencial na composição de Stravinsky e de Debussy quando afirma (Adorno, 1989, pp. 147-148):

> Em Debussy, os complexos particulares de timbre estavam ainda relacionados entre si como na "arte da transição" de Wagner: o som não fica destituído mas, às vezes, vai mais além de seus limites. Com o encadeamento das partes entre si formava-se uma espécie de infinitude sensível. Com o mesmo procedimento produziram-se, em quadros impressionistas de que a música absorveu a técnica, efeitos dinâmicos de luz, graças a manchas de cor postas umas junto às outras. Esse infinito sensível constituía a essência poético-aurática do Impressionismo [...]. Stravinsky continuou diretamente a concepção espacial plana da música de Debussy; e sua técnica de complexos e até a qualidade dos modelos é debussiana. A inovação apóia-se precisamente no fato de que os fios que ligam os complexos ficam cortados e os resíduos do procedimento dinâmico diferencial ficam demolidos. Os complexos parciais vêm opor-se reciprocamente no espaço. A negação polêmica do suave *laisser vibrer* é considerada como uma prova de força; o não ligado, o produto final da dinâmica, estratifica-se como blocos de mármore. Enquanto antes as sonoridades se compenetravam reciprocamente, agora se tornam autônomas,

como acorde de certo modo anorgânico. A espacialização torna-se absoluta: o aspecto do clima, em que toda a música impressionista encerra algo de tempo subjetivo da experiência, fica suprimido.

Além do maior isolamento dos blocos sonoros de Stravinsky, que na *Sagração* são efetivamente cenas musicais com limites definidos por cortes verticais e contendo objetos sonoros próprios, encontramos ainda outras distinções importantes em relação a Debussy, tanto no dimensionamento quanto no conteúdo desses mesmos blocos. Se em Stravinsky encontramos blocos de dimensões irregulares e, segundo a análise do compositor francês Olivier Messiaen (1908-1992), com a presença de personagens rítmicos distintos – o ritmo crescente, o ritmo decrescente e o ritmo testemunho[2] –, em Debussy encontramos blocos mais uniformes e de dimensões mais regulares, como, por exemplo, em *Danseuses de Delphes*, do Livro I de *Prelúdios* (1909-1910) para piano.

A respeito das modificações rítmicas e dos acentos na música de Stravinsky não estarem em uma relação coerente com a construção e que poderiam estar colocados de uma outra maneira, arbitrariamente, Adorno afirma (Adorno, 1989, p. 122):

Não somente falta a flexibilidade expressiva e subjetiva do tempo musical, que Stravinsky sempre tornou rígida a partir do *Sacre*, como também faltam todas as relações rítmicas com a construção, com a combinação da composição interna e com o "ritmo geral" de toda a forma. O ritmo é acentuado, mas separado do conteúdo musical. Termina por ser menos ritmo aqui do que onde não é considerado um fetiche, ou seja, permanecem somente reverberações de elementos sempre idênticos e na verdade estáticos,

---

2. A respeito do conceito citado de personagem rítmico, cf. Messiaen, 1995, pp. 91-398.

um contínuo apresentar-se em que a irregularidade do retorno substitui o novo.

Uma consistente defesa da poética de Stravinsky é feita por Boulez no artigo[3] intitulado *Stravinsky Permanece* (Boulez, 1995, pp. 75-136). A partir das análises que lhe foram sugeridas por Messiaen[4], seu professor no Conservatório de Paris, Boulez evidencia uma consistente unidade nos agrupamentos e nas modificações das figuras rítmicas da *Sagração*, ao contrário do que afirma Adorno.

A primeira parte de *Danse de la Terre*, cifra 72 até 74 (inclusive) da partitura da *Sagração* de Stravinsky (Dover 25857-2), é uma das seções analisadas por Boulez (Boulez, 1995, pp. 109-119) que evidenciam um interessante trabalho de equilíbrio de proporções na relação entre micro e macroestruturas. Tomemos, inicialmente, a classificação de Boulez das estruturas que compõem a primeira parte de *Danse de la Terre* (ex. 1, página seguinte): **A** – acorde de dó maior com baixo na nota[5] g e o acréscimo da nota $f^\#$; **A'** – acorde de ré maior com baixo na nota a; **B** – arpejo do acorde de dó maior com acréscimo das notas $f^\#$ e b_b; **P** – pedal rítmico e melódico de fragmento da escala de tons-inteiros com as notas $f^\#$ - $g^\#$ - b_b e, fixa no contratempo, a nota c. Na segunda parte, a partir da cifra 75, o pedal, tocado pelo clarinete baixo, é estendido e apresenta toda a escala ascendente de tons-inteiros: $f^\#$ - $g^\#$ - b_b - c - d - e.

---

3. Artigo redigido em 1951 e publicado como "Stravinsky demeure", in *Musique Russe*, vol. I, Paris, PUF, 1953.
4. Referimo-nos aos escritos do período de 1949 a 1992 e que foram posteriormente publicados em sete tomos pela Leduc, a partir de 1994, como *Traité de rythme, de couleur et d'ornithologie* e que evidenciam o débito inestimável do artigo de Boulez às análises de Messiaen.
5. Usamos neste livro a notação musical alfabética quando nos referimos ao nome das notas, por exemplo, dó = c, ré = d, mi = e, fá = f, sol = g, lá = a, e si = b. Para as notas alteradas usamos

Exemplo 1
Estruturas de *Danse de la Terre*

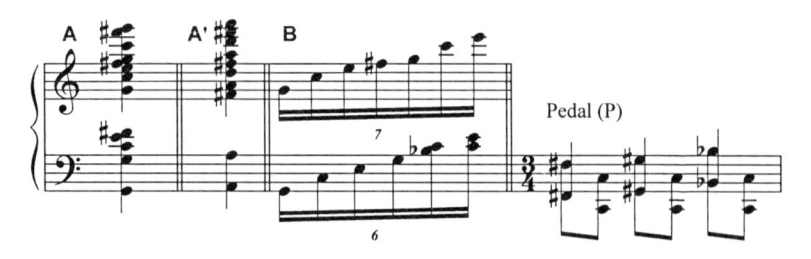

Exemplo 2
Esquema Rítmico de **A**

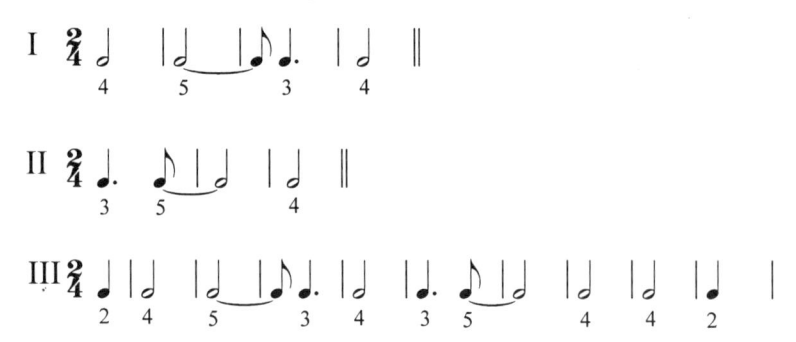

As aparições do elemento **A** (ex. 2) acontecem três vezes (I, II, III) e, na primeira (I), os valores em colcheia para a duração entre cada articulação do acorde **A** são 4-5-3-4. O total, conse-

os sinais convencionais, por exemplo, $c^\#$ = dó sustenido, d_b = ré bemol etc. Não usamos aqui a diferenciação da notação alemã entre o si natural = h e o si bemol = b. Em relação à posição das notas, o dó central do piano é referido neste livro como c_4. Por motivos práticos de reconhecimento de recorrências intervalares nas análises, os intervalos melódicos nas peças atonais têm sua classificação simplificada, já que estão emancipados de qualquer contexto tonal ordenador, por exemplo, uma quarta diminuta é vista como terça maior, uma sexta aumentada é vista como sétima menor etc. Os intervalos são designados por M = maiores, m = menores, j = justos, a = aumentados e d = diminutos; por exemplo 2M = segunda maior, 3m = terça menor, 5j = quinta justa, 5a = quinta aumentada e 5d = quinta diminuta.

qüentemente, é de 16 colcheias nesse primeiro período I. Já a segunda aparição da **A** (II) apresenta os valores de duração entre ataques de 3-5-4. Boulez nota uma interessante relação entre II e I, já que II pode ser entendido como I retrogradado com a supressão do primeiro valor (4), que, como veremos, será somado aos valores de III. O total de valores de colcheias em II é 12. Já o terceiro período (III) apresenta as seguintes durações: (2)-[4-5-3-4]-[3-5-4]-4-(2), em um total de 36 colcheias. Os valores entre parênteses somam 4 – o valor suprimido de II, e o período III é composto internamente de I [4-5-3-4] e II [3-5-4] mais o acréscimo do valor 4 (valor ausente em II e que também possibilita a compreensão da formação de II como uma simples permutação dos valores de I).

VALORES TOTAIS DE **A** E DOS PERÍODOS I, II, III

total de A = 64 (valores em colcheias)
total de I = 16 (4+ 5 +3 +4)
total de II = 12 (3 + 5 + 4)
total de III = 36 (2 + 4 + 5 + 3 + 4 + 3 + 5 + 4 + 4 + 2)

Se calcularmos a relação entre os valores totais de cada período e o total dos esquemas de **A**, teremos a interessante proporção de: I = 4; II = 3; III = 9. Isso nos mostra a relação entre o esquema do período I (4-5-3-4), que divide irregularmente o valor total de 16 colcheias, colocando na primeira parte 9 (4 + 5) valores e 7 (3 + 4) na segunda, e as proporções de cada período que dividem irregularmente as aparições de **A** em uma parte menor (I + II = 7) e uma parte maior (III = 9), isto é, um retrógrado do esquema I. Além disso, a parte menor, de valor 7, apresenta também os valores internos retrogradados em relação ao esquema I: (4 + 3).

PROPORÇÕES EM **A** E RELAÇÃO COM I

I = 4

II = 3

III = 9

esquema I $\Rightarrow$ 9 (4 + 5) + 7 (3 + 4)

proporção das partes $\Rightarrow$ 7 (4 + 3) + 9

Os exemplos[6] 3 e 4 apresentam os valores proporcionais dos elementos **A'** e **B** que também formam a primeira parte de *Danse de la Terre*, além das proporções totais dos elementos **A**, **A'** e **B**. O modelo mostra como o esquema dos valores arquiteturais e as durações dos grupos se equilibram, segundo Boulez (Boulez, 1995, p. 113), "nas tensões contrárias de igual força, com as disposições dissimetricamente variadas" das partes. Boulez justifica sua análise afirmando, a respeito do equilíbrio das partes, que os esquemas I e II de **A** equivalem em valor arquitetural a III de **A**, e eles equivalem em duração a I de **A'B** (15 semínimas). O esquema I de **A'B** equivale em valor arquitetural a II de **A'B** e esse último equivale em duração a III de **A** (18 semínimas).

Exemplo 3

Valores de **A'B** (Valores em Semínimas)

	A'	B	A'	B	A'	B	A'	B	
I de A'B $\Rightarrow$	5	2	1	2	2	1	1	1	$\Rightarrow$ TOTAL 15

	A'	B	A'	B	A'	B	A'	B	
II de A'B $\Rightarrow$	3	1	2	1	2	4	2	3	$\Rightarrow$ TOTAL 18

6. Os valores dos exemplos 3 e 4 estão expressos em semínimas. No entanto, o exemplo contido no artigo de Boulez (1995, pp. 109-119) expressa todas as proporções em número de compassos, inclusive anotando a pausa do primeiro tempo do terceiro compasso depois de 72

Exemplo 4
Proporções das Estruturas A e A'B (Valores em Semínimas) desde a Cifra 72 até 74 (Inclusive)

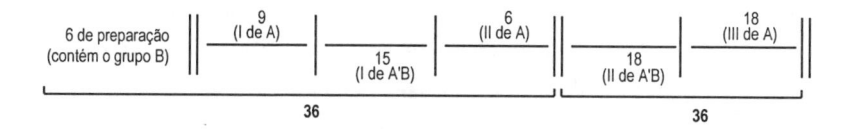

Evidencia-se nessa análise o trabalho de Stravinsky em tornar irregular a distribuição das seções na forma global de toda a cena musical, sem haver, porém, a perda de unidade e equilíbrio entre os elementos e a conseqüente arbitrariedade na organização dos eventos referida por Adorno (Adorno, 1989, p. 122). E isso ficou demonstrado na utilização de relações internas nos períodos (microestruturas) que também se refletem na organização e montagem das seções (macroestruturas), como foi o caso da célula 4-5-3-4 do esquema I, que dá origem aos outros dois períodos (II e III) de A e define, com sua retrogradação, o arranjo proporcional de cada período (4-3-9) no total de A.

Outras configurações que parecem chamar bastante a atenção do ouvinte na *Sagração*, segundo Boulez, são o "aspecto maciço dos acordes repetidos" e as "células melódicas que quase não variam" (Boulez, 1995, p. 76).

Admitindo que Stravinsky possui em menor grau o sentido do desenvolvimento, até julgando isso também, como Adorno, uma certa fraqueza, Boulez sugere que possa ser "permitido pensar que aí está um dos principais pontos de partida" (Boulez, 1995, p. 77)

como integrante de **A**, daí a diferença entre o número de semínimas de I (16 colcheias que é igual a 8 semínimas) visto anteriormente, e o valor de 9 (3 compassos de 3 semínimas cada) grafado no exemplo de Boulez. Para uma melhor compreensão do cálculo dos valores referidos de **A'** e **B**, olhar no mesmo artigo citado, pp. 112-114.

da força rítmica que se desdobra na obra do compositor russo. Boulez conclui afirmando que, "sendo essas coagulações horizontais ou verticais material simples, e também facilmente manipuláveis, podia-se tentar uma experiência rítmica de modo mais agudo" (Boulez, 1995, p. 77). Os diversos outros trechos da *Sagração* analisados por Boulez em *Stravinsky Permanece*, como a *Introduction*, a *Danse Sacrale*, o *Jeu du Rapt*, a *Glorification de l'Elue*, e, principalmente, o tema rítmico em *Les Augures Printaniers* (cifra 13 da partitura), dotado de "existência própria no interior de uma verticalização sonora imóvel" (Boulez, 1995, p. 90), destacam a força inovadora de tratamento do material rítmico e métrico na escritura musical de Stravinsky. Os procedimentos de permutação de durações, alturas, articulações e cores sonoras, o empilhamento de estruturas heterogêneas, a montagem, os personagens rítmicos, os ostinatos, a saturação vertical e o corte, entre outros, comprovam o poder inventivo da experiência musical de Stravinsky. Essas modificações nos procedimentos técnicos de variação e agenciamento do material sonoro, juntamente com os alinhados complexos, mecanicamente acentuados, e com o afastamento do pensamento de desenvolvimento, criam a idéia de um Cubismo musical, que para Adorno é produzido com a contraposição de planos contrastantes em Stravinsky (Adorno, 1989, p. 82). Se para Adorno, em Debussy, a reverberação das cores dos blocos sonoros gerava o mesmo clima sensível dos quadros impressionistas, em Stravinsky são as linhas de vários planos sonoros distintos recortados e justapostos, interferindo verticalmente e simultaneamente sobre um único plano temporal-discursivo, que causam a sensação de um quadro cubista. Aqui, podemos reafirmar a idéia da montagem e da sobreposição como elementos fundamentais para a criação de um novo espaço temporal, multidimensional, analogamente ao efeito causado pela apreensão simultânea das diversas formas que se observam dos muitos ângulos de contemplação dos motivos de uma obra cubista.

Sobre Debussy, Boulez (Boulez, 1995, p. 40) afirma que o compositor recusa conscientemente as "hierarquias harmônicas existentes como dados únicos dos fatos sonoros" e sua "preocupação com o timbre adequado vai modificar profundamente a escrita instrumental, as combinações instrumentais, a sonoridade da orquestra". Além da ausência de um fluxo harmônico por tensão e abrandamento constatada por Adorno, Debussy ainda utiliza, na formação de seus acordes, escalas e modos não convencionais para a época, como, por exemplo, as escalas pentatônicas e de tonsinteiros, criando assim, uma nova sonoridade harmônica, como em *Voiles* do Livro I de *Prelúdios* para piano. Já quando ele utiliza os acordes usuais do sistema tonal, suas concatenações procuram evitar a hierarquização funcional, eliminando de algumas de suas peças qualquer centro tonal, como em *Canope* e em *Bruyères* do Livro II de *Prelúdios* (1912-1913) para piano. A orquestração de Debussy também é precisa na criação de combinações tímbricas que colorem os planos sonoros, dando a impressão, como sugere Adorno, de um vagar pelas sensações reverberantes de luzes distintas. A discursividade musical é substituída pelo mergulho atemporal na profundidade da sensação luminosa dos timbres orquestrais. O material, que já não se desenvolve linearmente e nem sistematicamente, transforma-se por ressonâncias e reverberações com a aproximação de novas idéias musicais. Obras orquestrais como *La Mer* (1903-1905) e *Jeux* (1912-1913) fogem de qualquer sistematização formal ou mesmo narrativa. Elas também revelam toda a mestria de Debussy na combinação de instrumentos e na criação de uma nova sonoridade orquestral. Sucedem-no o próprio Stravinsky, que funde a escritura de Debussy com a exuberância da escola russa de Tchaikovsky (1840-1893) e Rimsky-Korsakov (1844-1908), e o francês Maurice Ravel (1875-1937).

Um exemplo musical do emprego das técnicas harmônicas, da montagem de planos sonoros distintos e das conexões e relações por reverberações e ressonâncias em Debussy é a peça *Ce qu'a vu le Vent d'Ouest*, também do Livro I de *Prelúdios* para piano (Dover 25970-6), que analisaremos a seguir.

Tomemos o acorde inicial da peça (ex. 5, página seguinte), um ré maior com sétima menor (ex. 6, página seguinte) arpejado na região grave, em intensidade *pp*, cujo perfil melódico tem o aspecto de uma onda senoidal[7]. O acorde é um arquétipo harmônico da música tonal vinculado diretamente à idéia de um acorde de dominante. Porém, aqui, está destituído de toda sua relação funcional como V grau da tonalidade de sol maior ou menor ou como uma dominante individual de um acorde de sol maior ou menor em uma outra tonalidade. Funciona, então, como um colorido harmônico específico, isto é, uma sonoridade característica que será contrastada com outras diferentes ao longo da peça. Esse primeiro elemento também apresenta um pedal em $f^{\#}$ na região grave, que será recorrente no decurso de toda a obra.

O segundo elemento (ex. 7, página seguinte), já aparecendo a partir do compasso 3, é a apojatura descendente a_b - g_b - e_b. Ela está inicialmente sobreposta ao arpejo do acorde de ré maior com sétima menor, como um elemento diferencial. No compasso 5, há a fusão da apojatura (ex. 8, p. 40) dentro do perfil melódico senoidal do arpejo do acorde inicial, simultaneamente a um impulso dinâ-

---

7. Mais sobre a relação entre perfil melódico e formas de ondas sonoras e sua compreensibilidade, ver Pousseur, 1970, pp. 239-290.

Exemplo 5
Acorde Inicial de *Ce qu'a vu le Vent d'Ouest*

Exemplo 6
Acorde de Ré Maior com Sétima Menor

Exemplo 7
Elemento de Apojaturas (comp. 3)

mico e uma ampliação da tessitura à região médio-aguda. O compasso 6 termina com o fim do arpejo de volta à região grave e o retorno à dinâmica *pp* do início da peça.

Nos compassos 7 a 9, Debussy justapõe um novo bloco de sonoridade, diferente dos seis primeiros compassos tanto harmonicamente quanto pelas suas figurações. Nota-se que essa seção

Exemplo 8

Fusão entre as Apojaturas e Acorde Inicial (comp. 5)

de três compassos apresenta somente notas do modo 2 de Messiaen na 1ª transposição[8] (ex. 9, página seguinte). A única nota ausente é o *c* que aparece como última nota do compasso 6, pertencente tanto ao acorde anterior, como sétima menor, quanto ao novo contexto harmônico, funcionando, portanto, juntamente com o pedal em $f^{\#}$, como elemento de conexão por reverberação[9]. A introdução de figurações de trêmulos de quintas e de acordes maiores blocados, estes inclusive com dinâmica diferenciada, contribui para caracterizar a nova sonoridade justaposta à primeira seção.

Os quatro compassos seguintes, de 10 a 14, formam um terceiro bloco de sonoridade distinta dos dois primeiros. Aqui apare-

---

8. Os Modos de Transposições Limitadas de Messiaen são modos musicais baseados no sistema cromático temperado, possuem um número limitado de transposições e são formados por grupos simétricos internos dentro de uma oitava. Mais sobre os Modos de Transposições Limitadas e suas classificações, ver Messiaen, 1944, pp. 85-93. Na análise de *Ce qu'a vu le Vent d'Ouest*, utilizamos como referência alguns dos Modos de Transposições Limitadas de Messiaen para facilitar a denominação e compreensão harmônica dos trechos da obra, muito embora, evidentemente, Debussy tenha precedido Messiaen historicamente e não conhecesse as denominações aqui utilizadas.

9. Aqui o termo reverberação está utilizado como uma metáfora do fenômeno acústico de prolongamento da duração de um som em decorrência das reflexões de suas ondas sonoras em corpos físicos.

Exemplo 9

Modo 2 de Messiaen, 1ª transposição

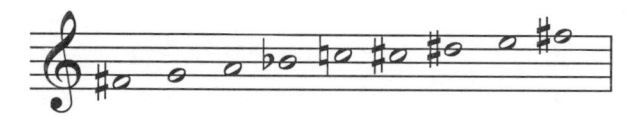

cem como reverberações o trêmulo sobre o $f^\#$ pedal da segunda seção e o elemento de apojaturas da primeira seção (ex. 10), harmonicamente relacionado às quintas dos compassos 7 a 10.

Exemplo 10

Elemento de Apojaturas (comp. 13)

Sobreposta a esses elementos, aparece uma nova figura rítmica com harmonia proveniente da escala de tons-inteiros, ou modo 1 de Messiaen (ex. 11, página seguinte) na 1ª transposição (a única nota ausente é o *b*, que aparecerá como nota pedal no retorno dessa mesma seção nos compassos 35 a 37). O intervalo de segunda maior (2M), característico da formação da escala de tons-inteiros, aparece aqui atacado simultaneamente à melodia.

A quarta seção inicia-se no compasso 15 e vai até o 18. Esse bloco é caracterizado pelas linhas cromáticas ascendentes de arpejos seqüenciais de acordes maiores. O pedal continua em $f^\#$, com a marcação auxiliada pelas notas $c^\#$ (relação intervalar de quinta da segunda seção) e *g* (trêmulo da terceira seção), e, a partir do com-

Exemplo 11
Modo 1 de Messiaen

passo 17, é oitavado na região média. Um gesto repetido de crescimento de perfil dinâmico prepara o surgimento da próxima seção.

Um novo bloco inicia-se nos compassos 19 e 20. A harmonia muda para o modo 1 de Messiaen (ex. 12), só que transposto meio-tom acima em relação à sua primeira aparição (compassos 10 a 14). Os aglomerados harmônicos caracterizam-se por tríades aumentadas e intervalos de trítono e segunda maior. O perfil ascendente da escala de tons-inteiros faz uma rima com os cromatismos ascendentes da seção anterior, além da permanência do gesto dinâmico crescente. O pedal em $f^\#$, agora deslocado ritmicamente, mantém a reverberação conectiva.

Exemplo 12
Transposição do Modo 1 de Messiaen

Os quatro compassos seguintes, do 21 ao 24, apresentam sobreposições entre elementos novos, como a figura melódica em oitavas (ex. 13 – **A**, página seguinte) e a segunda maior $c - d$ seqüencial, e elementos ouvidos anteriormente, como o $f^\#$ que se alonga e os acordes blocados, agora como entidades harmônicas (ex. 14, página seguinte) de tríades aumentadas com sétima menor (provenientes da escala de tons-inteiros) e de tríades maiores com sétima menor (primeiro acorde da peça e também uma entidade contida no modo 2 de Messiaen). Com um gesto dinâmico crescente, a intensidade chega ao *ff.* É interessante notar como nesse trecho a figuração melódica de oitavas vai aos poucos adquirindo o perfil ondulatório senoidal, o mesmo do arpejo do início. Debussy faz com que algumas idéias não exatamente se repitam, mas ressoem em outros materiais, criando, assim, um outro tipo de relação de equivalência. Um material musical não sofre variação e desenvolvimento por elaboração linear, mas se deforma frente às forças de ressonância harmônica, tímbrica, dinâmica, rítmica e de perfil de outros materiais.

Exemplo 13
Figuras Melódicas de Oitavas

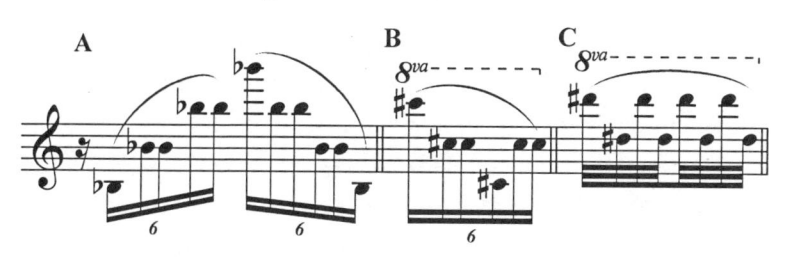

Exemplo 14a
Entidade Harmônica no Modo 1 de Messiaen

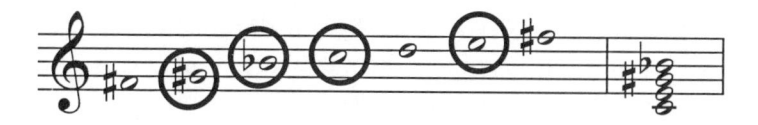

Exemplo 14b
Entidade Harmônica no Modo 2 de Messiaen

O segmento dos compassos 25 até 30 funciona como uma seção de transição, na qual encontram-se a sonoridade do intervalo de segunda maior *c* - *d* e a nota *f* $^\#$, que antes funcionava como o pedal grave que desapareceu ao final do compasso 24 e agora retorna como repouso de pequenos fragmentos melódicos com oitavações graves em defasagem. O crescendo dinâmico aliado ao cromatismo ascendente do compasso 30 prepara a próxima seção.

O bloco seguinte, dos compassos 31 a 34, apresenta, na sua primeira parte, a fixação momentânea do material de segunda maior – nas notas *e* e *f* $^\#$ – e a sobreposição de um fragmento melódico com as oitavações graves em defasagem, fundidas agora à seqüência das segundas maiores, e diretamente relacionado ao material harmônico da apojatura dos compassos 3 e 4. Podemos ver, no exemplo 15 (página seguinte), como a segunda maior (2M) e a terça menor (3m) descendente se repetem em ambas as idéias, inclusive completando as notas de uma escala pentatônica (e_b - d_b - b_b - a_b - g_b). A segunda parte da seção prossegue com o cromatismo ascendente do módulo de segunda maior até um novo *c* - *d* (oitava acima do primeiro) e com a presença do fragmento melódico anterior transformado agora também em linha cromática.

O bloco dos compassos 35 a 38 é repetido uma vez mais nos compassos seguintes (39 a 42). Essa nova seção reapresenta parte da terceira seção (compassos 10 a 14), com a reaparição do material harmônico-melódico proveniente do modo 1 de Messiaen, agora

Exemplo 15

Relação Intervalar entre Figuras da Apojatura (comp. 3)

e Fragmento Melódico (comp. 31)

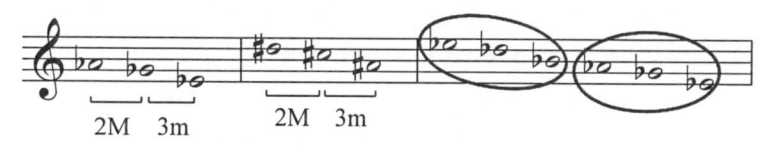

na região grave e com o pedal na nota *b* (nota ausente, como vimos, na terceira seção). Além disso, a figuração em oitavas (ex. 13 – **B**) reaparece como pedal agudo na nota *c#*, podendo-se notar a permanência do perfil ondulatório senoidal. O compasso 38 apresenta, pela primeira vez, uma região harmônica proveniente da escala de fá sustenido maior (ex. 16), dando sinais inequívocos da preponderância de *f#* como polarização principal da obra. Após a repetição, o segmento seguinte, compassos 43 a 45, permanece na região harmônica de fá sustenido maior e funciona como uma transição da tessitura grave até a aguda do piano. No compasso 46, Debussy inicia um cromatismo ascendente de acordes maiores, juntamente com um novo crescendo dinâmico que prepara a próxima seção.

Exemplo 16

Escala de Fá Sustenido Maior

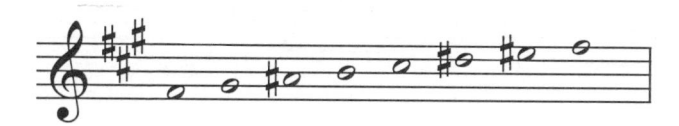

O trecho seguinte retoma a idéia de sobreposição entre elementos que apareceram em momentos anteriores da peça, como o pedal agudo sobre as figurações de oitavas (ex. 13 – **C**), agora sobre a nota $d^{\#}$ e os acordes maiores com sétima menor blocados. No compasso 49 ressurge um pedal grave atacado, também na nota $d^{\#}$, e sua repetição dispara nos dois compassos seguintes uma figuração de notas repetidas que varre seis oitavas da tessitura do piano (ex. 17). A partir do último tempo do compasso 49 até o fim do 53, o material harmônico é proveniente da 3ª transposição do modo 2 de Messiaen (ex. 18) (página seguinte). Destacam-se, também, o retorno do trêmulo sobre o pedal em $f^{\#}$ no compasso 52 e as segundas maiores (2M) formantes dos agregados harmônicos da seção. Nos compassos 54 a 56, o pedal grave tem ligeiros gestos dinâmicos crescentes e o material das apojaturas retorna sobreposto (ex. 19, página seguinte). Nota-se que o material harmônico das apojaturas é também expandido com arpejos do acorde inicial da obra (d - $f^{\#}$ - a - c).

Exemplo 17
Figura Melódica de Oitavas (comp. 51)

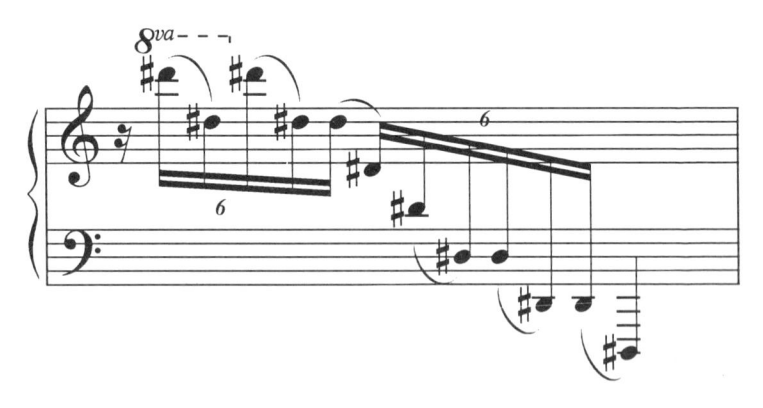

Após esse intenso embate, com sobreposições e deformações dos materiais, Debussy retorna ao início. A recapitulação, porém,

Exemplo 18
Modo 2 de Messiaen, 3ª Transposição

Exemplo 19
Apojaturas (comp. 56)

não é literal. O material do acorde inicial já reaparece fundido com as apojaturas e com intensidade *f* e em andamento rápido. O material da segunda seção (compassos 7 a 9) volta imediatamente justaposto e transformado harmonicamente no compasso 59, destacando-se aqui, novamente, os trêmulos de quinta e os acordes maiores blocados. A partir do compasso 63, reaparece o material harmônico do acorde de ré maior com sétima menor (início da peça), mas um novo elemento rítmico-melódico surge para criar uma diferente sonoridade em que se destaca, mais uma vez, o intervalo de segunda maior (2M) que irá predominar até o final da obra. O *f** pedal permanece como um bordão grave e determina a polarização harmônica final. Um grande gesto direcional à região aguda prepara o acorde final de fá sustenido maior com sexta acrescentada, intervalo este que adiciona à tríade maior o elemento de segunda maior proliferado ao longo de toda a peça, principalmente nos últimos compassos. Uma comparação harmônica mais atenta nos mostra que o acorde inicial da peça ($f^\#$ - a - c - d) – e o acorde final (ex. 20) – fá sustenido maior com sexta acrescentada ($f^\#$ - $a^\#$ - $c^\#$ - $d^\#$) – têm uma relação muito próxima e incluem os principais elementos estruturais de *Ce qu'a vu le Vent d'Ouest*, pois ambos apresentam: a nota $f^\#$ (principal nota polarizada e pedal de quase toda a peça) como nota mais grave; estruturas superiores que formam 2M e 3m descendentes: (d - c - a) e ($d^\#$ - $c^\#$ - $a^\#$), material harmônico das apojaturas e fragmentos melódicos da peça; a 2M que aparece em diversas estruturas harmônicas (ex. 21); tríades maiores e acorde maior com sétima menor como sonoridade harmônica recorrente; e o deslocamento de semitom das estruturas superiores, que se transforma nas linhas cromáticas ascendentes da peça.

Exemplo 20
Acorde Final de *Ce qu'a vu le Vent d'Ouest*

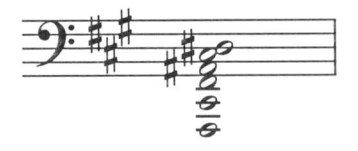

Exemplo 21
Intervalo de 2M nas Estruturas de *Ce qu'a vu le Vent d'Ouest*

Outra peça que também utiliza o procedimento de montagem de blocos sonoros é *Sinfonias para Instrumentos de Sopros* (Boosey & Hawkes 17144) de Stravinsky, composta em 1920 e, aliás, dedicada pelo autor à memória de Debussy. Sem entrarmos em uma análise detalhada das seções que Stravinsky justapõe na obra, vamos observar especificamente o tipo de tratamento das transposições em um mesmo bloco. Tomemos o segmento inicial e vejamos suas reaparições nas reduções de piano do exemplo 22.

Depois da justaposição de um bloco homofônico (cifra 1), o bloco inicial reaparece na cifra 2 elidido de seu primeiro compasso. Seu retorno, após três novos blocos diferentes terem sido apresentados, acontece na cifra 9, porém, estendido por repetições de elementos internos e transposto meio-tom abaixo. Nota-se que não houve qualquer percurso ou transição harmônica que sugerisse que essa nova apresentação do bloco inicial fosse acontecer meio-tom abaixo. A montagem stravinskiana elimina a referência tonal e trata o procedimento da transposição como uma transformação colorística na sonoridade harmônica do bloco. Obviamente percebe-se a mudança, mas é uma modulação não alcançada linearmente e sem fins em um processo discursivo tonal.

Exemplo 22a
Bloco Inicial (comp. 1)

Uma nova transposição, agora terça menor abaixo do original, é feita na próxima reaparição do bloco inicial (3 compassos após a cifra 26). Novamente, o procedimento não é antecipado por qualquer indício de uma modulação esperada. O efeito colorístico, no entanto, acentua-se, pois já houve uma transposi-

Exemplo 22b
Bloco Transposto Meio-Tom Abaixo (início da cifra 9)

Exemplo 22c
Bloco Transposto Terça Menor Abaixo (3º compasso depois da cifra 26)

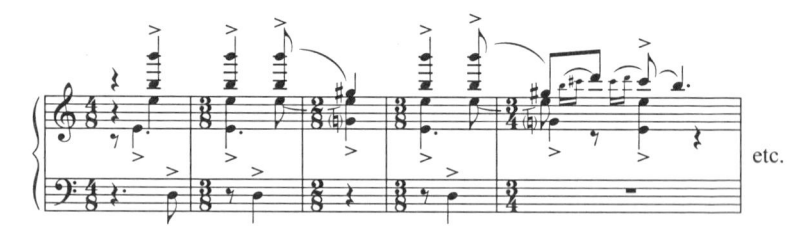

ção anterior e a dessa vez é ainda mais enfática, já que Stravinsky desce agora um tom inteiro. As outras aparições do bloco inicial, nas cifras 37 e 39, mantêm o bloco estável na última transposição de terça menor abaixo do original.

Tal procedimento de transposição de altura sem fins tonais de um material, com a intenção, entre outras, de uma diferenciação colorística, também pode ser encontrado na *Sagração*, como, por exemplo, na frase inicial do fagote que reaparece meio-tom abaixo na cifra 12.

Posteriormente, a partir da década de 1940, também não se percebe mais a tonalidade como elemento discursivo e unificador nas obras de Messiaen. A importância do resultado sonoro dos acordes é ressaltada, o timbre torna-se um importante elemento composicional. Acabam-se os desenvolvimentos temáticos clássicos e surgem as composições nas quais os acordes não são usados para dar forma às frases por tensão e abrandamento. Cada acorde é concebido como uma unidade sonora em uma frase cuja estrutura é mais determinada pelo perfil melódico ou pelo valor do timbre do que pelo movimento harmônico. Sendo assim, a coordenação da seqüência dos acordes é feita pela justaposição, ou mesmo pelo empilhamento de elementos tímbricos diferentes. Em algumas peças há sobreposição de modos distintos, isto é, a polimodalidade. Utilizando séries rítmicas ou pedais rítmicos, como na escritura do piano do primeiro movimento da obra de câmara *Quatuor pour la fin du Temps* (1941), Messiaen cria movimentos de tensão e relaxamento harmônicos por meio da pulsação amétrica, e não dos acordes, que passam a ser tensos ou brandos conforme o momento em que aparecem no pedal rítmico.

Outros elementos já encontrados em Debussy e também utilizados por Messiaen são as notas acrescentadas, retardos e notas pedais. Esses são elementos que visam exclusivamente alterar o colorido dos acordes, o que, elimina cada vez mais qualquer possibilidade de referência desses acordes a alguma tonalidade específica. As peças da obra para piano *Vingt Regards sur l'Enfant Jésus* (1944) evidenciam outras importantes características na composição de Messiaen: séries rítmicas em cânon, estruturas harmônicas baseadas em seus Modos de Transposições Limitadas, forma arco (ABCDCBA), algumas formas clássicas alteradas como a fuga e a sonata, o *style oiseau* ou "estilo pássaro" (apojaturas, trilos, saltos intervalares e movimentos frenéticos) em seus temas e melodias (Messiaen, 1944, pp. 36-38), os "cachos de acordes" [*grappes d'accords*] (Messiaen, 1944, pp. 71-72), isto é, seqüência de acordes em posição fechada, tocados em movimento descendente ou ascendente, e, finalmente, o efeito vitral – troca de posição das notas constituintes de um aglomerado vertical e a conseqüente alteração do colorido harmônico-tímbrico[10].

Analisados alguns exemplos musicais em que se destacam as técnicas de montagem e de corte e conexão de Debussy e Stravinsky, iniciamos a tarefa de elencar alguns argumentos em favor de uma nova sintaxe musical que se opõe à exclusiva forma musical dinâmica de Adorno. Prosseguiremos na análise de outras poéticas que defendem formas musicais complexas irredutíveis a um elemento germinador inicial, como, por exemplo, o motivo ou mesmo a série, elaborado e desenvolvido continuamente; propostas que imprimem uma certa ambigüidade nas relações de derivação dos materiais e nas quais a repetição perde a sua função de recordar as figuras para destacar o retorno das forças da diferença[11]. São obras em que a organização musical abre a possibilidade de uma escuta intensiva e singular em oposição a uma escuta extensiva e linear (Ferraz, 1998, p. 203), como é o caso da narratividade musical das formas dinâmicas defendidas por Adorno, sem que com isso se perca a unidade e a apreensibilidade. Veremos, ainda neste capítulo, outros elementos que concorrem para a criação de novas forças de organização musical.

---

10. Além dos pontos indicados anteriormente, a escrita pianística de Messiaen é inovadora em muitos aspectos. Sua notação musical diferenciada, sem compasso nem tempo, conservando somente a utilização de barras de compasso para marcar os períodos e dar um limite à validade dos acidentes (sustenidos, bemóis e bequadros), propicia uma execução mais preocupada com a fluidez melódica e harmônica do que com um pulso rítmico regular. Além disso, a utilização de toda a tessitura do piano, criando novas possibilidades tímbricas com o uso das harmonias de seus Modos de Transposições Limitadas, torna as composições para piano de Messiaen extremamente originais.

11. Mais sobre o assunto, ver Ferraz, 1998.

1.2. SOBREPOSIÇÃO DE ESTRUTURAS: A SIMULTANEIDADE

As técnicas de organização formal por sobreposição de estruturas utilizadas em música se referem às idéias de polifonia e heterofonia. Esses termos podem ser inicialmente compreendidos pelas definições propostas por Boulez em *Penser la musique aujourd'hui*[12].

Boulez divide as formas de organização sintática da linguagem musical em: monodia, homofonia, polifonia e heterofonia. Para entendermos claramente essa classificação, Boulez considera, primeiramente, a *dimensão* dentro da qual se produzem os eventos: ela evolui do eixo *horizontal* ao *vertical* com o estágio *diagonal* como intermediário. Em segundo lugar, a classificação se apóia no modo de emprego das estruturas: *individual* ou *coletivo*. Dessa forma, temos a monodia pertencendo à ordem *horizontal-individual* e a homofonia à ordem *horizontal-coletiva*. Pelos critérios que Boulez estabelece para a definição de polifonia e heterofonia, ambas pertencem à ordem *horizontal/diagonal/vertical-individual/coletiva*. A diferença entre polifonia e heterofonia reside, então, na *responsabilidade* entre as estruturas. A heterofonia é a sobreposição simultânea no tempo de estruturas não-responsáveis.

A polifonia se baseia, segundo Boulez, no agenciamento responsável de uma estrutura à outra, isto é, observa-se um conjunto de relações estabelecidas para a organização dos elementos, como acontece, por exemplo, no contraponto (relações horizontais gerais tanto de figuras simples quanto de fenômenos complexos) e na harmonia (relações verticais de pontos, de figuras ou de estruturas). A noção de responsabilidade de uma nota a outra está na

---

12. Cf. Boulez, 1963, pp. 133-165.

base do desenvolvimento da polifonia e é o "caráter principal da noção de contraponto no Ocidente" (Boulez, 1995, pp. 263-270). O contraponto livre, por exemplo, corresponde, segundo Boulez, à ordem *horizontal-individual/coletiva*, já que suas "estruturas deduzidas não terão de se submeter a outras exigências senão a de obedecer a certas normas gerais"[13] – a estrutura *individual* na dimensão *horizontal* é responsável em relação à *coletividade* das estruturas; no contraponto rigoroso, a correspondência é de ordem *horizontal-individual/individual*, já que se observa a estrita associação entre os elementos – uma estrutura ou um conjunto *individual* na dimensão *horizontal* é *individualmente* responsável em relação à(s) outra(s) estrutura(s) ou conjunto(s). Na harmonia, as relações de ordem *vertical* se estabelecem em: *coletivas* (harmonia funcional – depende diretamente de relações hierárquicas) ou *individuais* (harmonia não-funcional – depende exclusivamente das relações internas do agrupamento). A polifonia também pode ser descrita como distribuição *diagonal* das estruturas, podendo haver entre elas relações *individuais* ou *coletivas*.

Já a heterofonia, segundo Boulez, define-se inicialmente como a sobreposição a uma estrutura primeira, da mesma estrutura com aspecto mudado. Ele ainda acrescenta: a heterofonia é "uma distribuição estrutural de alturas idênticas, diferenciadas por coordenadas temporais divergentes, manifestadas em intensidades e timbres distintos"[14]. Aqui, também cabem outras definições que podem nos ajudar a compreender melhor o termo heterofonia. Segundo a definição do musicólogo Knud Jeppesen (1892-1974), a heterofonia foi "um tipo casual de polifonia, que acontecia quan-

---

13. Cf. Boulez, 1963, pp. 136-137 (trad. do Autor).
14. Cf. Boulez, 1963, p. 140 (trad. do Autor).

do várias vozes cantavam a mesma melodia simultaneamente enquanto cada cantor ou instrumentista variava a melodia de acordo com sua disposição"[15]. Jeppesen acrescenta que o termo heterofonia, emprestado de Platão segundo o musicólogo austríaco Guido Adler[16] (1855-1941), refere-se a um tipo primitivo de polifonia encontrado desde a Grécia Antiga[17], inclusive com um papel destacado na música folclórica russa[18] e em diversas outras culturas não-européias, como a chinesa e a javanesa (Jeppesen, 1970, pp. 96-97). Na heterofonia, uma mesma melodia é cantada por diferentes vozes em uníssono ou em oitavas, com pequenas variações ocasionadas por linhas que se separam, deixando a pulsação e utilizando notas divergentes em relação à voz principal. Jeppesen acredita que a observação de um tratamento especial no processo de seleção vertical na música medieval européia – a definição de polifonia e do conceito de responsabilidade para Boulez – seja decorrente dos vários séculos de escuta de notas e ritmos diferentes soando simultaneamente nos cantos heterofônicos. Já o musicólogo Gustave Reese (1899-1977) define a heterofonia como resultante dos intervalos ocasionais que soavam nas interpretações da música monódica na Grécia Antiga[19]:

---

15. Cf. Jeppesen, 1992, p. 36 (trad. do Autor).
16. Cf. G. Adler, *Über Heterophonie*. Jahrbuch der Musikbibliothek Peters, 1908, *apud* Jeppesen, 1970, p. 96.
17. Aqui vale observar a referência etimológica que o *Dicionário Houaiss da Língua Portuguesa* (Rio de Janeiro, Objetiva, 2001, p. 1522) traz do termo heterofonia: do grego *heterophónía*, isto é, a "diferença de som ou de tom".
18. Cf. uma possível influência dessa tradição heterofônica russa na música de Stravinsky em *Les Augures Printaniers* da *Sagração*, no tema melódico feito pela trompa, no início da cifra 25, e repetido com tratamento diferente em diversas vozes a partir da cifra 32 até o fim da seção.
19. Cf. Reese, 1940, p. 50 (aspas no original; trad. do Autor).

O princípio da heterofonia consiste no emprego de uma melodia simultaneamente em diversas vozes, mas de tal forma que a linha melódica da voz principal – que tem o "Tema" – não é duplicada nas outras vozes – que rodeiam e variam a linha fundamental livremente, sem, no entanto, divagarem tão longe que se possa falar em independência melódica.

Reese acrescenta que, nas heterofonias encontradas nas músicas de culturas não-européias, a variação melódica entre as versões da mesma melodia provoca intervalos acidentais que posteriormente podem se tornar deliberados, definindo então uma nova relação entre uma linha melódica principal e um acompanhamento (Reese, 1940, pp. 256-258). Reese ainda sugere que o impulso da música européia em direção às construções polifônicas passou pela experiência da heterofonia – a variação de uma linha melódica cantada simultaneamente. O *Dicionário Grove de Música* define[20] heterofonia como a "palavra usada para descrever variações simultâneas de uma mesma melodia", mas ressalva que o significado "pode ir desde a referência a ínfimas discrepâncias na execução em uníssono, até uma escrita contrapontística complexa". Essa acepção do termo heterofonia referente à complexidade de uma escrita contrapontística é precisamente o significado do qual parte Boulez para a complementação de sua definição e a ampliação do domínio do termo e de sua possibilidade de combinação, como, por exemplo, em polifonias de heterofonias, heterofonias de heterofonias, e outras (Boulez, 1963, p. 133)[21]. A heterofonia se distingue da polifonia, então, pela não-responsabilidade, isto é, pela ausência da fixação de leis nas relações de sobreposição dos elementos.

---

20. Cf. S. Sadie (ed.), *Dicionário Grove de Música* (edição concisa), Rio de Janeiro, Jorge Zahar, 1994, p. 427.
21. Sobre o assunto, ver também Boulez, 1995, pp. 263-272.

Para Boulez, o conceito de heterofonia vai desde a sobreposição de elementos quase idênticos até a sobreposição de elementos bastante divergentes (Boulez, 1963, pp. 140-146). Não é a heterogeneidade das estruturas sobrepostas que caracteriza a heterofonia, mas sim a ausência de relações condicionais instituídas previamente para sua organização simultânea no tempo. A heterofonia é um princípio de estruturação que deve ser entendido como "uma etapa intermediária entre homofonia e polifonia"[22]. Boulez conclui que não se pode confundir a não-homogeneidade das estruturas com "o abandono de um dos princípios mais ricos da música ocidental: dois, ou vários 'fenômenos' evoluindo independentemente um do outro, sem deixar de observar entre si uma responsabilidade em todos os instantes"[23]. Segundo Boulez, a divergência mencionada acima na heterofonia se relaciona à dessemelhança das seguintes qualidades entre as estruturas sobrepostas: altura absoluta ou relativa, ritmo-tempo, ritmo-duração, timbre, intensidade geral, perfil dinâmico e articulação. A heterofonia também corresponde às combinações de ordem já descritas anteriormente: *horizontal/diagonal/vertical-individual/coletiva*.

Dadas essas definições, discutiremos adiante algumas possibilidades de agenciamentos e de relações de sobreposição entre estruturas heterogêneas temporalmente simultâneas, principalmente entre estruturas que apresentam desenvolvimentos independentes mas com influências recíprocas, e que tornam sensíveis entre si forças de atração e de separação.

Na análise[24] da obra *The Unanswered Question* (1906, revisada posteriormente em 1930-1935) do compositor norte-americano

22. Cf. Boulez, 1963, p. 140 (trad. do Autor).
23. Cf. Boulez, 1963, p. 152 (aspas no original; trad. do Autor).
24. A análise apresentada aqui da obra *The Unanswered Question* e o gráfico das estruturas

Charles Ives (1874-1954), observam-se três planos sonoros distintos sobrepostos caracterizados claramente pelas cordas, pelo trompete e pelas flautas (a partitura abre a possibilidade para que duas das quatro flautas sejam substituídas por oboé e clarinete).

O primeiro plano, executado pelas cordas com surdina em *Largo molto sempre*, é uma espécie de coral tonal em sol maior que flui suavemente por 61 compassos, representando, segundo texto de Ives que acompanha a partitura (Southern Music Publishing Co. – 851, versão de 1930-1935), o "silêncio dos druidas". Podemos subdividi-lo em quatro períodos: I – enunciação nos 13 primeiros compassos; II – repetição do primeiro período entre os compassos 14 e 26; III – suave diminuição da tessitura dos acordes, com a aproximação das vozes até seu ponto mais fechado no compasso 45, último do período; IV – reabertura gradativa da tessitura das vozes, a partir do compasso 46, com o retorno ao âmbito do início da obra no compasso 55, permanecendo assim até o fim.

O segundo plano (ex. 23, página seguinte), executado pelo trompete solo, sempre no mesmo andamento das cordas, representando a "perene questão da existência", apresenta uma melodia atonal com pequenas transformações. A única alteração rítmica interna da melodia é a ligeira aumentação na duração dos valores das notas que só acontece na 3ª pergunta do trompete. Ives utiliza, seguidamente, deslocamentos rítmicos de todo o desenho melódico no compasso, de forma a transferir o que iniciava em uma determinada pulsação para uma outra. A alteração melódica restringe-se à finalização descendente sobre uma terça menor (e_b - c) ou sobre uma quarta diminuta (e_b - b).

comentado mais adiante e localizado nos Anexos deste livro estão baseados em Mesquita, 1995.

Exemplo 23

Seqüência das Sete Perguntas do Trompete

Já o terceiro plano (ex. 24), a intervenção das madeiras representando a resposta à questão enunciada pelo trompete, tem um material temático bastante diversificado a cada aparição, inclusive com algumas reminiscências dos elementos intervalares e rítmicos do trompete. A repetição integral da pergunta apresentada freneticamente pelas flautas I e II no início da sexta intervenção destaca-se pela sua justaposição quase que imediata ao final da frase do trompete. De natureza atonal, as melodias das madeiras sofrem seguidamente um processo acumulativo de densificação de atividade interna, aceleração de andamento em relação ao *Largo molto* das cordas, crescendo de dinâmica e aumento da tensão harmônica que culmina no *cluster* final da sexta e última intervenção.

Exemplo 24

Seqüência das Seis Respostas das Madeiras

Continuação do Exemplo 24

Continuação do Exemplo 24

Continuação do Exemplo 24

Além disso, conforme projetado no gráfico de estruturas de *The Unanswered Question* (ver Anexos), cada resposta das madeiras se aproxima mais, temporalmente, do final da enunciação feita pelo trompete, em uma direcionalidade de aglutinação clara, culminando com a união dos dois planos na sexta intervenção da pergunta que dispara imediatamente a última resposta. As relações temporais diferentes entre cada plano de *The Unanswered Question*, principalmente entre a mobilidade indiferente das cordas, a pergunta discretamente modificada mas insistente do trompete, e o frenesi progressivo das respostas das madeiras, mostram como Ives trabalha conscientemente com a idéia de forças simultâneas de dissipação, acoplamento e ressonância entre estratos sonoros heterogêneos, criando estados de indefinição perceptiva das múltiplas ligações recíprocas possíveis entre os elementos divergentes.

Outra peça de Ives, também composta no ano de 1906, é *Central Park in the Dark*. Idealizada, conforme relato do próprio autor[25], para funcionar como uma segunda peça ao lado de *The Unanswered Question*, *Central Park in the Dark* apresenta, inicialmente, uma série de acordes nas cordas com duração de dez compassos. O trecho das cordas, mostrado no exemplo 25 (página seguinte), é repetido igualmente e em um mesmo andamento *Molto Adagio* até o final da obra, com apenas uma alteração de dinâmica para equilíbrio com o resto dos instrumentos da orquestra no crescendo durante os compassos 64 a 118. Esse segmento, representando segundo Ives "*the night sounds and silent darkness*"[26], funciona como uma textura de fundo sobre a qual Ives vai colocando gradativamente outros elementos. Sucessivamente, empilham-se os fragmentos de canções populares assoviadas nos instrumentos de madeira, o *ragtime* nos dois pianos, o ruído dos carros que passam e do barulho humano nos metais, em um acelerando e crescendo contínuo até o súbito corte do compasso 118. Novamente ouvem-se a noite e a escuridão nas cordas, "*an echo over the pond, and we walk home*"[27]. O acelerando e o crescendo dinâmico das camadas sonoras dos sopros e pianos reforçam o efeito de isolamento que as separa da camada das cordas. A fissão irreconciliável não se resolve. Há, simplesmente,

---

25. Cf. texto de Ives que acompanha a partitura (JB09772) da editora Mobart Music Publications de Hillsdale, New York.
26. *Idem*.
27. *Idem*.

Exemplo 25
Trecho Inicial de *Central Park in the Dark*

o corte vertical súbito na saturação máxima. A sobreposição para Ives, mais que um simples encontro casual de quaisquer dois universos distintos, como os encontros das bandas de cidades pequenas na sua juventude, proporciona a possibilidade da escuta de relações ainda não estabelecidas, não instituídas e fixadas pelo hábito. Ives viabiliza uma aproximação entre mundos sonoros tão heterogêneos quanto ao seu material harmônico e a sua significação afetiva, que seu trabalho influi diretamente sobre a poética do indeterminismo na obra de outro importante compositor, o também norte-americano John Cage (1912-1992), que radicaliza as idéias de sobreposição e simultaneidade por meio da aleatoriedade, portanto da não-responsabilidade bouleziana, no agenciamento das estruturas sonoras.

Obras do mesmo período apresentam outros tipos de material sobrepostos, como, por exemplo, modos distintos em *Danseuses de Delphes*, do Livro I de *Prelúdios* para piano de Debussy, e poliacordes, em *Feuilles mortes*, do Livro II. Stravinsky não apenas expandiu a idéia de poliacordes de Debussy, como também utilizou a polirritmia em *Petrushka* (1911), *A Sagração da Primavera* e *A História do Soldado* (1918). Outros trabalhos, como os de Messiaen, podem ser entendidos como uma continuação e aprofundamento desses procedimentos. Suas obras apresentam tanto o conceito de polimodalidade – dois ou mais Modos de Transposições Limitadas sobrepostos – quanto o de polirritmia – por meio de imitações defasadas, estruturas desenvolvidas em forma de cânon e até mesmo de estruturas rítmicas diferentes sobrepostas.

A peça *Regard du Fils sur le Fils* (ex. 26, página seguinte) da obra para piano *Vingt Regards sur l'Enfant Jésus* apresenta, por exemplo, três modos diferentes sobrepostos. Ali, encontram-se sobrepostos os seguintes Modos de Transposições Limitadas: n. 2, 1ª

Exemplo 26

Trecho Inicial de *Regard du Fils sur le Fils*

transposição (ex. 9), ouvido no *Thème de Dieu* da seqüência mais grave; n. 4, 4ª transposição (ex. 27), na estrutura intermediária; e n. 6, 3ª transposição (ex. 28), tocado pela mão direita na região mais aguda. Simultaneamente, encontram-se os *Tâlas*[28]: *Râgavardhana*, *Candrakalâ* e *Lakskmîça* justapostos para formar a idéia rítmica da estrutura da mão direita, que é repetida como um cânon aumentado pela estrutura central.

Exemplo 27
Modo 4 de Messiaen, 4ª Transposição

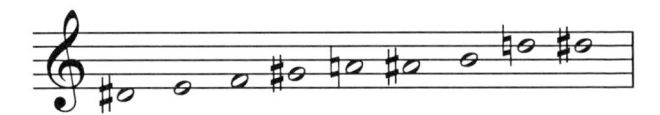

Exemplo 28
Modo 6 de Messiaen, 3ª Transposição

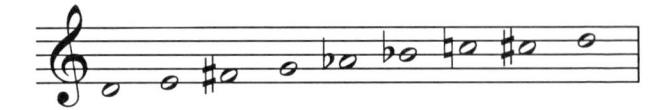

Em *Regard du silence* (ex. 29, página seguinte) aparecem os mesmos procedimentos de sobreposição de modos – n. 3, 4ª transposição (ex. 30, p. 70) e n. 4, 4ª transposição – e de cânon rítmico por adição de ponto de aumento. Este último procedimento pode ser entendido pelo exemplo 31 (p. 70), em que vemos como a série rítmica da mão direita de *Regard du silence* é imitada pela mão esquerda com a adição de metade do valor original[29].

---

28. Sobre o assunto, ver Messiaen, 1944, pp. 245-340.

29. Cabe aqui um esclarecimento sobre o procedimento denominado por Messiaen como *canon rythmique par ajout du point*. O cânon que acontece não é precisamente por acréscimo de

Mais exemplos de polimodalidade e sobreposições rítmicas são também encontrados em outras peças de *Vingt Regards sur l'Enfant Jésus,* como *Regard de la Vierge,* e em outros trabalhos de Messiaen, como na obra *Quatuor pour la fin du Temps,* especificamente nas peças *Liturgie de cristal*[30] e *Louange à l'Eternité de Jésus.*

Exemplo 29
Trecho Inicial de *Regard du silence*

* *Changez la pédale avec les accords de main gauche*

ponto de aumento, e sim, por adição à duração original de metade de seu valor. Nos valores originais não pontuados, o efeito é o mesmo que o acréscimo do ponto de aumento. Porém, no caso de notas originais já pontuadas, como podemos constatar no exemplo 31, o procedimento de Messiaen não equivale a um segundo ponto de aumento na nota, que equivaleria a um acréscimo de metade do valor do primeiro ponto, e sim à adição de metade do valor original. Por exemplo: uma colcheia pontuada (equivalente a seis fusas) que sofre o procedimento de Messiaen transforma-se em uma semínima ligada a uma fusa (equivalente a nove fusas), e não em uma colcheia com dois pontos de aumento (equivalente a sete fusas).

30. Mais sobre a análise dos pedais rítmicos em *Liturgie de cristal,* ver Messiaen, 1944, pp. 24-25.

Exemplo 30
Modo 3 de Messiaen, 4ª Transposição

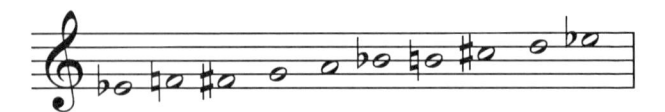

Exemplo 31
Cânon Rítmico por Acréscimo de Metade do Valor
(Ponto de Aumento) em *Regard du silence*

A sobreposição de velocidades e tempos diferentes na obra de Messiaen provém de um estudo profundo do compositor[31] acerca das idéias de Tempo, Eternidade, Duração e Ritmo. Como o assunto é extenso e foge ao objeto de pesquisa deste livro, aproveitaremos somente alguns resultados do estudo de Messiaen, especificamente os que se referem inicialmente à idéia de desenvolvimento. Este pode ser compreendido como o processo de transformação progressiva por amplificação ou eliminação[32] do material motívico-temático no decurso temporal de uma obra[33]. Segundo Messiaen

31. Cf. os estudos de Messiaen sobre Tempo, Eternidade, Ritmo e Duração em Messiaen, 1994, pp. 5-68.

32. Ver também o termo *liquidação*, preferido por Schoenberg em Schoenberg, 1993, p. 59. Mais sobre o desenvolvimento por eliminação em Beethoven ver análise de Messiaen do primeiro movimento da *Quinta Sinfonia* de Beethoven em Messiaen, 1995, pp. 401-404.

33. Aqui cabe uma consideração importante a respeito da utilização do termo desenvolvimento em música, principalmente no Brasil. O tradutor de edição brasileira do *Harmonielehre* de Schoenberg, Marden Maluf, ressalta a inapropriada utilização do termo desenvolvimento, provavelmente por intermédio de vícios oriundos da tradução francesa, como referência à seção central da forma-sonata, que em alemão é conhecida como *Durchführung*. A tradução

(1995, pp. 112-113), em Beethoven os procedimentos de amplificação e eliminação acontecem separadamente, de forma excludente e isolada e, principalmente, sempre sobre um único tema, que "nasce, morre e ressuscita" como um herói humano. Já em Stravinsky[34], entremeiam-se sofrendo aumentações e diminuições as diversas figuras rítmicas, como "células vivas que crescem e decrescem". Junta-se também, simultaneamente à variação beethoveniana por amplificação e eliminação, o recurso do ostinato-pedal. A cena rítmica apresenta, então, segundo Messiaen, os seguintes personagens: um ritmo crescente, ativo, que aumenta de valor; um ritmo decrescente, que sofre a ação e diminui de valor; e um ritmo testemunho, elemento de referência, constante e imóvel em relação ao qual se pode estimar a variação dos outros dois ritmos. Temos, portanto, em uma mesma cena musical, a sobreposição de processos simultâneos de transformação dos materiais com direcionalidades opostas – ritmo crescente e ritmo decrescente – e um elemento estático de referência – ritmo testemunho.

de *Durchführung* para o português encontrada por Maluf (Schoenberg, 1999, p. 70n) é *Travessia*. Maluf relaciona a idéia do percurso que o herói-tema realiza na forma-sonata com a *Travessia* dos heróis da literatura, como Ulisses na *Odisséia*, Dom Quixote no livro homônimo ou Riobaldo no *Grande Sertão* de Guimarães Rosa. O tema musical, então, não se desenvolve na seção central, mas aventura-se em uma travessia épica por regiões harmônicas distantes para, enfim, retornar com toda a experiência vivenciada do percurso. Schoenberg já ressalta que a apresentação, o desenvolvimento [*Entwicklung*] – "crescimento de um organismo" – e a interconexão de idéias acontecem desde o início da obra, em um processo de relações lógicas e coerentes e, portanto, não apenas na seção central da forma-sonata (Schoenberg, 1993, p. 27 e p. 36). Desse modo, quando nos referirmos a desenvolvimento, estamos utilizando a acepção que o define como processo de variação progressiva do material motívico-temático.

34. Conferir a análise de Messiaen e os personagens rítmicos (Messiaen, 1995, pp. 124-147) da *Danse Sacrale*, cifra 142 até o fim da *Sagração* de Stravinsky, e a análise de Boulez sobre as sobreposições de um ritmo em desenvolvimento e de uma estrutura fixa (Boulez, 1995, pp. 97-103) no início da segunda parte da *Sagração*, *Le Sacrifice*, cifra 86 até 88 inclusive.

Ainda segundo as pesquisas de Messiaen (Messiaen, 1994, pp. 18-36), o efeito da sobreposição entre materiais rítmicos, e conseqüentemente entre seus Tempos, pode ser o de ressonância – aderência dos elementos – ou o de coesão, obtido pela semelhança tímbrica, isocronismo, harmonia, unidade de registro, unidade de tempo, uníssono de durações, unidade de intensidade e unidade de ataque. Para a criação do efeito da ressonância desejada por Messiaen, portanto, as estruturas devem evitar convergir para um efeito de coesão das partes formantes. Os materiais devem possuir uma heterogeneidade suficiente e estarem organizados de forma a tornar os elementos apenas aderentes uns aos outros. Atuam simultaneamente, nesse caso, forças de isolamento e acoplamento dos estratos sonoros. Dessa forma, vivencia-se a experiência de Tempos superpostos.

Em relação à variação do material, destaca-se, em Messiaen, a permutação[35], já encontrada em Stravinsky, que provoca uma alteração de estado do material, mas não sua transformação progressiva. Essa vibração do material é causada pela repetição intensiva do diferente. As forças que atuam, como as de deformação e dissipação, entre outras, recompõem o material musical, não deixando traços de linearidade do percurso e, muito menos, um começo ou fim definido. A deformação, por exemplo, por meio da técnica de permutação, é uma força estática que se faz no mesmo lugar, subordinando o movimento à força que se torna sensível no processo[36]. Já a conjugação das forças de acoplamento, citada acima anteriormente, com forças de distorção e dissipação, encontra-se, por exemplo, na *Sagração* de Stravinsky, nos momentos em

---

35. Ver principalmente sobre a técnica de *permutações simétricas* em Messiaen, 1996, pp. 5-76. Em português, ver Menezes, 2002, pp. 403-410.
36. Mais sobre o assunto em Deleuze, 1981.

que os materiais se sobrepõem em uma operação de empilhamento de elementos distintos, até um momento de saturação máxima que subitamente é cortado. Surge, então, uma nova cena musical com seus novos personagens[37].

Pode-se reconhecer a influência de Stravinsky em Messiaen nos procedimentos de variação do material, tanto nos desenvolvimentos beethovenianos de amplificação e eliminação, simultâneos ao elemento testemunho de referência, quanto nas permutações que evidenciam o estatismo de forças de deformação do material. Encontram-se em Messiaen os seguintes procedimentos em relação às: durações – valor acrescentado, ritmos aumentados e diminuídos, ritmos não-retrogradáveis, pedal rítmico; construções melódicas – eliminação de notas, interversão, mudanças de registro, *style oiseau*; construções verticais – notas acrescentadas, efeito vitral, acordes coloridos e "cachos de acordes".

A partir das idéias expostas até então, podemos falar de uma escritura musical que privilegia a simultaneidade de forças que atuam diretamente sobre uma escuta de múltiplos eventos. A superposição com diversos níveis de relações entre elementos heterogêneos faz sobressair a multiplicidade dos detalhes que determinam a complexidade da obra musical[38].

As idéias de simultaneidade e multiplicidade também se destacam nos trabalhos do compositor italiano Luciano Berio (1925-2003), como na *Sequenza III* (1966) para voz solo, com texto de Markus Kutter. Berio elabora inicialmente três elementos estruturais para a peça: segmentação do texto (palavra, fragmento da pa-

---

37. Conferir, por ex., a sobreposição da primeira e segunda parte da *Danse de la Terre* na cifra 78 da partitura da *Sagração*.

38. Mais sobre a idéia de complexidade, inclusive sobre a vertente musical da *New Complexity* de Brian Ferneyhough, ver Toop, 1993, pp. 42-57.

lavra, sílaba, fonema); gesto vocal (fala, canto, grito, risada, além de modulações tímbricas); e expressões (indicações emotivas). Cria, então, como ele mesmo define (Berio, 1996, pp. 79-86), uma polifonia com a simultaneidade entre os eventos descritos acima e os múltiplos graus de tensão das dimensões temporal, dinâmica, morfológica e das alturas dos materiais.

Pode-se concluir que, para a consistência na escritura musical complexa, atuam, portanto, além dos detalhes – elementos de exatidão singulares –, a diversidade decorrente da heterogeneidade do material e de seus meios de enunciação, conexão e variação, além da simultaneidade de acontecimentos diferentes. O resultado dessa multiplicidade para a escuta é a apreensão de uma música cuja "espessura semântica" (Berio, 1996, p. 11) é organizada intensivamente por eventos díspares de velocidades irregulares, direcionalidades descontínuas, Tempos não-lineares e pela variação não-sistemática do material.

2. Timbre

Veremos neste capítulo o timbre como dimensão produtiva do processo de composição, focalizando alguns aspectos relevantes da obra de importantes autores do século XX.

2.1. Melodias de Timbres

Este item se refere à proposta que Schoenberg faz no último capítulo de sua obra teórica *Harmonielehre*[1] de 1911: Melodias de Timbres – *Klangfarbenmelodien*. Schoenberg afirma que a valorização da dimensão do timbre [*Klangfarbe*] encontrava-se à época em um estágio menos avançado e organizado do que a dimensão das alturas. Antevendo a aproximação de um período em que as possibilidades de organização e descrição dos timbres seriam possíveis, ele conclui afirmando (Schoenberg, 1999, pp. 578-579):

---

1. Obra traduzida para o português por Marden Maluf e editada no Brasil pela Unesp em 1999 com o título *Harmonia*.

Acho que o som faz-se perceptível através do timbre, do qual a altura é uma dimensão. O timbre é, portanto, o grande território, e a altura, um distrito. A altura não é senão o timbre medido em uma direção. Se é possível, com timbres diferenciados pela altura, fazer com que se originem formas que chamamos de melodias, sucessões cujo conjunto suscita um efeito semelhante a um pensamento, então há de também ser possível, a partir dos timbres da outra dimensão – aquilo que sem mais nem menos denomina-se timbre –, produzir semelhantes sucessões, cuja relação entre si atue com uma espécie de lógica totalmente equivalente àquela que nos satisfaz na melodia de alturas. Isto parece uma fantasia futurística, e provavelmente o seja. Mas se há algo em que acredito firmemente, é que ela se realizará. E acredito firmemente que será capaz de elevar, de forma inaudita, os prazeres dos sentidos, do intelecto e da alma que a arte oferece.

A terceira peça do op. 16 de Schoenberg, *Farben* – composta em 1909, portanto, antes da citação acima – é a primeira experiência total com a composição de Melodias de Timbres. Melhor apropriada, no entanto, seria a utilização do termo Colorações de Acorde [*Akkordfärbungen*], já que Schoenberg, sem perder o vínculo com as relações harmônicas de base, compõe uma sutil tapeçaria de cores sobre uma extensa camada de acordes. Uma análise mais detalhada da peça irá nos fornecer uma visão clara da organização harmônica e da distribuição de timbres na orquestra. Tomemos como referência a análise de Charles Burkhart (Burkhart, 1973-1974, pp. 141-172).

Conforme demonstra o esquema harmônico (ver Anexos), *Farben* (Dover 40642-3) apresenta, inicialmente, uma estrutura principal de acordes, sempre a cinco vozes. Essa camada contínua da peça sofre mudanças gradativas na sua constituição harmônica, com interessantes detalhes contrapontísticos na movimentação das vozes. Observa-se, conforme o exemplo 32, que cada uma das cinco vozes mantém suas notas dentro de uma tessitura fixa de trítono (usaremos a definição de 1 para a voz mais aguda até 5 para a voz mais grave).

Exemplo 32

Tessituras das Cinco Vozes da Camada de Acordes em *Farben*

Nota-se pelo esquema (ver Anexos) que em *Farben* a velocidade das mudanças harmônicas acontece com uma estratégia clara de direcionalidade progressiva ao ponto culminante (compassos 26 a 29), porém, sem haver um procedimento sistematizado ao longo de toda a obra. Schoenberg inicia *Farben* com um acorde (**A**) com as seguintes notas[2] partindo do grave: *c - g# - b - e - a*. Essa entidade harmônica funciona como estrutura pilar na constituição formal da peça, sendo que, relacionados de alguma forma a ela, estão os outros quinze acordes. O primeiro trecho (compassos 1 a 9) constitui-se pela movimentação imitativa de cada uma das cinco vozes formantes do acorde inicial. Conforme mostra o esquema, a voz 2 inicia um processo de deslocamento melódico de segunda menor (2m) ascendente seguido de segunda maior (2M) descendente. Consecutivamente, seguem-na as vozes 1, 4, 3 e 5. A conseqüência desse processo é a formação de cinco novos acordes (**B, C, D, E, F**) decorrentes do movimento contrapontístico das vozes, e a finalização, no compasso 9, com a descida de meio-tom do acorde inicial (**A**-1[3]).

2. Ver especulação a respeito da formação desse acorde em Menezes, 2002, pp. 333-334.

3. Usamos aqui, nos acordes que estão transpostos, os sinais "+" e "-" para significarem a dis-

Nos compassos 10 a 12, Schoenberg paralisa a movimentação harmônica com a fermata e a transposição uma oitava mais grave de **A**-1 para **A**-13 nos violoncelos, seguindo com o retorno para **A**-1 no compasso 13. Um segundo procedimento de variação harmônica inicia-se na cifra 2 da partitura (compassos 13 a 19). Aqui, Schoenberg realiza uma interessante manobra de transferência do acorde inicial transposto **A**-1 para **A**+2. Ele inicialmente sobe a voz 5 uma terça menor (3m), de *b* para *d*, criando um novo acorde (**G**). O próximo passo é o deslocamento das duas vozes superiores uma segunda maior (2M) abaixo, juntamente com o desaparecimento da voz 4 e a entrada de uma nota b_4 no agudo que se torna, então, a nova voz 1. O procedimento é realçado pelo destaque dado pelo *piccolo* e celesta com a pontuação da nota *b*. Seguem, imediatamente, dois acordes de bordadura (**B**+2, **H**) antes do retorno de **A**+2 no compasso 19.

O trecho seguinte, cifras 3 e 4 (compassos 20 a 29), inicia reapresentando os procedimentos anteriores, só que agora encavalados uns aos outros. A partir de **A**+2, Schoenberg repete a imitação de deslocamento de 2m ascendente e 2M descendente das vozes 2, 1, 4 e 3. Reaparecem, então, como decorrência do processo, os acordes iniciais transpostos 2M acima: **B**+2, **C**+2, **D**+2 e **E**+2. A interrupção, com a ausência do deslocamento imitativo da voz 5, cria um novo acorde (**I**) que dispara o segundo procedimento de alteração harmônica usado por Schoenberg, transpondo o segmento mais uma 2M acima. A troca de posições acontece com o deslocamento da voz 5 de *d* para *e*, e a descida de 2M, agora, das quatro vozes superiores. Um novo acorde (**J**) surge e, após o desapareci-

tância em semitons que estão dos acordes originais (primeira vez que aparecem). Por exemplo, **A**-1 = acorde original **A** meio tom abaixo; **A**+2 = acorde original **A** um tom acima etc.

mento de sua voz 3 (nota b_b), a enarmonização das duas vozes superiores, a subida de quarta justa (4J) da voz 4 do *g* para *c*, e o surgimento do $c^{\#}_5$ na voz 1, transforma-se, finalmente, em **A**+4. Segue, então, uma repetição das bordaduras sobre **A**+4, que geram os acordes conhecidos **B**+4, **H**+2 e um novo acorde (**K**). Nesse momento, compassos 26 e 27, a peça direciona-se para seu ponto culminante dinâmico. O crescimento do nível de atividade dos deslocamentos de acordes se inicia e, conforme vemos no exemplo, Schoenberg encadeia o procedimento imitativo inicial da peça aliado a uma gradativa diminuição dos valores de duração de cada acorde. Sucedem-se quatro seqüências dos seis acordes iniciais de *Farben* (**A, B, C, D, E, F**), que trazem o **A**+4 inicial do trecho para sua transposição original **A** ao final do compasso 29. Nota-se o surgimento de um novo acorde (**L**) intruso no meio da última seqüência, em decorrência do atraso da imitação da voz 3 no final do compasso 29.

A saturação atingida na seção anterior é imediatamente contrastada com a tranqüila permanência do acorde original (**A**) nas cordas em harmônicos durante os compassos 30 a 32. No compasso 33, Schoenberg reinicia o procedimento imitativo das vozes, agora invertido (2m descendente seguida de 2M ascendente) e com nova ordenação nas entradas das vozes: 2, 4, 1, 3 e 5. Surgem, então, os últimos acordes da peça: o **K**-4, que emoldura a seqüência descendente anterior, estando logo antes do **A**+4 (compasso 26) e a seguir de **A** (compasso 30); os novos **L, M, N, O, P**, em decorrência da inversão do procedimento imitativo; e, finalmente, o acorde inicial transposto **A**-1. O trecho final, cifras 6 e 7 (compasso 38 até o fim), apenas transpõe o acorde inicial na seqüência **A**+1, **A**, **A**-1, **A**+1 e prepara a volta definitiva para o **A** original.

Os outros elementos estruturais de *Farben*, que estão sobrepostos à camada dos acordes já vistos são: as seqüências dos acordes em quintas em linhas descendentes de 2M – com a voz superior formando a escala de tons-inteiros (ex. 33); e os motivos de elementos auxiliares (ex. 34) localizados sobretudo acima da tessitura da camada dos acordes.

Exemplo 33a
Acordes em Quintas

Exemplo 33b
Escala de Tons-Inteiros

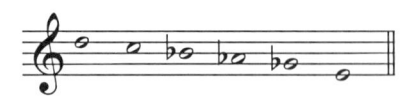

Exemplo 34
Motivos dos Elementos Auxiliares em *Farben*

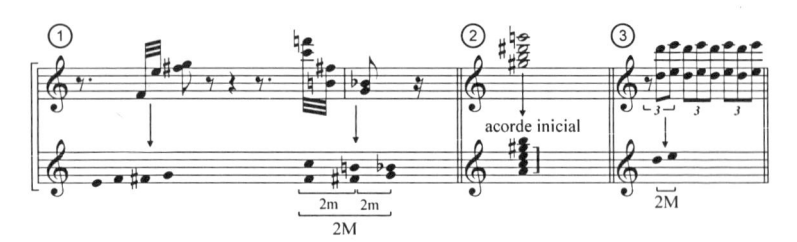

Todos esses elementos têm função auxiliar importante, já que criam figurações contrastantes às existentes na movimentação das vozes dos acordes. Porém, há relações referenciais claras entre todas essas idéias. Os intervalos de 2m e 2M do motivo imitativo das vozes dos acordes no início da peça servem para determinar tanto a 2M das linhas melódicas das seqüências de acordes descendentes (ex. 33) e do motivo conseqüente que aparece na harpa, celesta e *piccolos* no compasso 31 (ex. 34, n. 3), quanto também a 2m e a 2M presentes na estrutura intervalar de base das figurações feitas ao longo da peça por clarinete, harpa, flautas, *piccolos*, corne inglês, celesta, fagote e clarinete baixo (ex. 34, n. 1). O acorde de sol sustenido menor com sétima maior enarmonizada ($g^\# - b - d^\# - g$), que aparece nos compassos 20, 24 e 31 tocado por violinos em harmônicos (ex. 34, n. 2), com reforço de celesta, violas e harpa na sua primeira aparição, tem referência direta com o acorde inicial da peça, já que apresenta a transposição em 2m abaixo da mesma estrutura de tétrade menor com sétima maior que no acorde inicial aparece invertida, em uma espécie de efeito vitral harmônico de Messiaen.

Sobre a organização dos timbres em *Farben*, Burkhart inicia sua exposição ressaltando que as peças tradicionais orquestrais antes da obra de Schoenberg apresentavam sempre uma mudança de instrumentação mais lenta que a mudança de alturas, isto é, enquanto suas notas se alteravam, uma melodia ou mesmo um acompanhamento harmônico permanecia por um determinado tempo com uma instrumentação fixa. *Farben* subverte essa ordenação ao fixar para a estrutura principal da peça – a camada de acordes – mudanças de instrumentação mais rápidas ou na mesma velocidade que as mudanças de alturas. Não há nenhum momento na peça em que a troca de acordes é feita com a permanência da mesma instrumentação. Tal constatação pode ser feita já no início da obra, quando o acorde inicial se fixa por três compassos e a instrumentação das vozes de 1 a 4 se alterna de flautas I e II, clarinete e fagote, para corne inglês, trompete com surdina, fagote e trompa com surdina. A troca de coloração dos acordes acontece por toda a peça geralmente a cada duração de mínima, enquanto que a duração das notas dos acordes varia mais, porém sempre com valores iguais ou maiores ao das trocas na instrumentação. Os momentos em que temos trocas simultâneas entre instrumentação e notas dos acordes são os compassos 21 a 23 e 28 a 29. O segundo trecho se caracteriza, como vimos anteriormente no esquema harmônico, pela aceleração progressiva das trocas de acordes, que chegam a acontecer a cada semicolcheia. Mesmo assim, as mudanças harmônicas são acompanhadas na mesma velocidade pelas trocas nos instrumentos.

Durante toda a peça a troca na instrumentação é feita por meio de uma escritura detalhista precisa, como podemos acompanhar no exemplo 35. As conexões nas trocas de timbres em cada voz são feitas com a sobreposição momentânea dos dois instrumentos envolvidos por meio do prolongamento da duração da nota do instrumento que deixa de tocar para a entrada do seguinte. E esse processo é continuamente realizado mesmo nos momentos em que as trocas são feitas a cada semicolcheia, já que ali Schoenberg sobrepõe instrumentos de tal forma que sempre há diferentes combinações colorísticas a cada semicolcheia (ex. 36, página seguinte).

Exemplo 35

Conexão na Troca de Instrumentação (comps. 3 a 5)

Exemplo 36

Sobreposição de Instrumentos a cada Semicolcheia

Burkhart prossegue sua análise relacionando as estruturas principal e auxiliares com suas respectivas instrumentações. Algumas estruturas auxiliares são caracterizadas pelas intervenções de instrumentos e sonoridades que não aparecem na estrutura principal da camada de acordes. Schoenberg utiliza a harpa, a celesta, os *piccolos* e os violinos em harmônico especificamente para as figurações auxiliares na região aguda, destacando-se, mais uma vez, a articulação referida anteriormente do *b* feita por *piccolo* e celesta na troca de posições das notas dos acordes **G** e **A**+2 no compasso 16. As cordas também têm função estrutural tímbrica destacada, pois suas intervenções acontecem em pontos importantes da articulação formal. Nos compassos 10 a 13, os violoncelos realizam a transposição do acorde **A**-1 para **A**-13, uma oitava abaixo. Esse ponto marca o fim do primeiro procedimento imitativo e o início dos procedimentos seguintes de transposição de terça menor ascendente, troca de posição das vozes, entrada de nova voz 1 e acordes de bordadura. A próxima intervenção das cordas em harmônicos, no compasso 25, marca o início do crescendo dinâmico de toda a orquestra rumo ao ponto culminante e, logo a seguir, os trêmulos de violas e violoncelos realçam a seqüência máxima de atividade nos compassos 28 e 29. Na cifra 5, compassos 30 a 32, os harmônicos de contrabaixos e violoncelos pontuam o retorno ao acorde inicial **A** e o início do processo imitativo invertido. Já no trecho final, compasso 40, há uma última aparição dos trêmulos das cordas em *sul ponticello*.

Em relação à instrumentação da camada principal dos acordes de *Farben*, Burkhart faz uma análise completa de todas as combinações utilizadas por Schoenberg. Aqui, destacamos o procedimento diferente no tratamento da voz 5 (nota mais grave dos acordes) até o compasso 29. Enquanto as vozes de 1 a 4 apresentam mudanças na instrumentação a cada mínima, a voz 5 muda de instrumentação a cada semínima. Nos compassos 1 a 9, a voz 5 é feita exclusivamente por viola, contrabaixo e contrafagote, que se alternam duas vezes a cada troca da camada superior (vozes 1 a 4). Nos compassos 13 a 29, juntam-se aos instrumentos mencionados anteriormente as trompas, clarinete baixo e trombone. A partir do compasso 32, a voz 5 se une às outras vozes superiores na troca de timbres, inclusive com a participação da tuba, violoncelo e fagote. A camada superior dos acordes (vozes 1 a 4) apresenta misturas de instrumentos das famílias das cordas, madeiras e metais, sendo que a predominância ao longo da peça é de pelo menos duas madeiras na combinação[4].

O detalhe mais interessante da análise de Burkhart a respeito da instrumentação em *Farben* é a sugestão da possibilidade de Schoenberg já haver utilizado uma idéia de serialização de tim-

---

4. Mais sobre a instrumentação detalhada de cada acorde e as combinações específicas em *Farben*, ver Burkhart, 1973-1974, pp. 151-170.

bres, muito antes do surgimento da primeira peça dodecafônica do compositor (a última das *Cinco Peças para Piano*, op. 23 de 1923). O exemplo 37 (página seguinte) demonstra como uma série de onze combinações instrumentais entre as quatro vozes superiores acontece a partir do compasso 25. O retrógrado da série, com pequenas alterações, está nos compassos 27 e 28, com o retorno da série original a partir do compasso 29[5].

Boulez (Boulez, 1995, p. 314) afirma sobre *Farben* que "[...] pela primeira vez se trabalhou com a cor, com o timbre, de modo tão eficaz" e que Schoenberg "coloca em jogo a ambigüidade de um timbre relacionando-o com outro" de forma funcional, na realização da estrutura global da obra. O timbre deixa, assim, de ser utilizado como resultado sonoro de um instrumento e passa a "ser utilizado por si mesmo, funcionalmente". Ainda segundo Boulez (Boulez, 1995, p. 314), a *Klangfarbenmelodie*, que ele define como "uma mudança contínua de timbre, aplicada à dimensão horizontal da música", está adaptada precisamente à quinta peça do op. 16 de Schoenberg, intitulada *Recitativo Obbligato*, em que os diferentes períodos de uma frase têm sua "instrumentação renovada".

Uma semelhança no processo de composição por timbres entre Stravinsky e Schoenberg, que segundo Adorno (Adorno, 1989, p. 114) seria uma influência de Schoenberg, especialmente do op. 16, na primeira fase de Stravinsky, pode ser encontrada no trecho 32 da partitura de *Petrushka*, logo antes da *Dança Russa*. Há, nesse pequeno trecho do balé, uma intensiva montagem de figuras heterogêneas com diferentes coloridos tímbricos.

---

5. O exemplo aqui mostra apenas a série original e a localização do início da série retrogradada no compasso 27 e do retorno da série original no compasso 29. Para a análise completa das relações seriais no compasso 28 e na continuação do compasso 29, ver Burkhart, 1973-1974, pp. 151-170.

Exemplo 37

Análise de Burkhart da Serialização de Timbres em *Farben*

Aluno de Schoenberg, o também compositor austríaco Anton Webern (1883-1945) é diretamente influenciado pela idéia das *Klangfarbenmelodien*. Suas *Seis Peças para Grande Orquestra* op. 6, também de 1909, já apresentam um trabalho de fragmentação melódica e mudanças contínuas na instrumentação das linhas. Suas peças seguintes intensificam a atenção com a dimensão tímbrica no processo composicional. As *Seis Bagatelas* op. 9 (1913), por exemplo, fornecem extensivo material para uma análise das possibilidades de escritura da organização tímbrica para quarteto de cordas. Construídas com figurações pontilhísticas[6] e harmonia atonal, as seis peças apresentam um apurado trabalho no tratamento dos diversos tipos de sons possíveis de serem obtidos com os instrumentos de cordas. Webern utiliza as diversas articulações do arco junto às cordas de forma intensiva em um curto espaço temporal. A dinâmica oscilante entre piano e pianíssimo da peça acentua a força expressiva das figuras aforísticas.

A *Sinfonia* op. 21 de Webern, obra dodecafônica de 1928, alia o trabalho serial com a idéia de Colorações de Acorde já vista em *Farben*. O primeiro movimento da obra apresenta, na sua exposição, um acorde estático de constituição proveniente de uma sobreposição de dois grupos de seis notas em intervalos de quartas. Conforme demonstra o exemplo 38 (página seguinte), um dos grupos vai de d_2 a e_{b4}, sendo que a nota superior e_b aparece ocasionalmente tocada uma oitava abaixo pela harpa, e o outro grupo vai de $g^{\#}_3$ a e_5, já que a nota a que complementaria a sobreposição de quartas é transposta duas oitavas abaixo.

---

6. Para uma análise completa das figuras no op. 9 de Webern, ver Kaufmann, 1984. Sobre a questão harmónica, ver Pousseur, 1955 e Ligeti, 1984. Sobre microdirecionalidades em Webern, ver Menezes, 1992.

Exemplo 38

Acorde da Exposição (comps. 1 a 24) no I Movimento
da *Sinfonia*, op. 21 de Webern

Webern realiza, então, a apresentação simultânea da série original, da série invertida, da série original transposta terça maior acima e da série invertida transposta terça maior abaixo (ver Anexos). O efeito de coloração acontece devido ao congelamento das alturas em posições determinadas. Dessa forma, independente de que posição estiver nas quatro séries apresentadas, cada nota é sempre tocada na mesma altura fixa. Webern transforma a escuta serial em percepção global de um acorde cintilante, já que o processo é feito de tal forma que instrumentos diferentes tocam as notas fixas alternadamente. Além disso, Webern utiliza o silêncio como recurso para aumentar a transparência do acorde. Além do timbre, em Webern as pausas também possuem função estrutural. O efeito de coloração do acorde estático é potencializado com a também coloração das melodias, aqui, em um procedimento efetivamente merecedor do termo Melodias de Timbres, já que as notas das quatro séries são expostas simultaneamente de forma fragmentária entre os instrumentos da orquestra. O trecho inicial da partitura (ver Anexos) nos mostra o caminho percorrido por cada uma das séries, evidenciando o detalhe da ligeira permanência com um instrumento específico de pedaços de melodia e a contínua renovação do procedimento. Nota-se, também, que o início mais irregular da peça tem uma direcionalidade clara à rítmica mais estática a partir do compasso 15.

O trabalho de orquestração da *Fuga (Ricercata)* da *Oferenda Musical* de Bach (1685-1750), feito por Webern em 1935, pode ser considerado como a principal aplicação integral da idéia de Melodias de Timbres. Os procedimentos de composição sobre timbres vistos até então nos compositores vienenses ou foram feitos em pequenos trechos melódicos de suas peças, denotando uma parcial utilização das Melodias de Timbres, ou foram feitos intensivamente sobre acordes estáticos, sugerindo que o melhor termo a ser utilizado para descrevê-los é o de Colorações de Acorde. Porém, em ambos os casos, a dimensão funcional do timbre já é um elemento fundamental no processo de organização musical.

Outra peça que exemplifica o trabalho intensivo com timbres, mas já em um contexto harmônico pós-serial, é o segundo movimento da *Sinfonia* (Universal Edition 13783) de Berio, composta entre 1968 e 1969. A peça é praticamente igual à homônima *O King* (Universal Edition 13781) de 1967, para conjunto de câmara. Mas é na versão orquestral de 1968 que observamos mais claramente como os aspectos tímbricos são intensificados. Berio mantém a mesma estruturação musical e textual nas duas peças. Há, entretanto, um pequeno trecho final aditado na versão orquestral e o acréscimo dos seguintes instrumentos: corne inglês, saxofone alto, saxofone tenor, fagote, trompa, trompete, trombone, harpa, órgão, tam-tam, caixa, bongô, guizos, vibrafone, grupo vocal, viola e contrabaixo. Essa nova instrumentação visa intensificar as qualidades tímbricas, texturais e de ataque e ressonância da versão de câmara, não alterando de maneira significativa, porém, as relações musicais de ritmo e harmonia já existentes anteriormente.

Os aspectos qualitativos mais proeminentes de *O King* (1968) são: a irregularidade dos ataques; a ressonância ou câmara de reverberação criada por alguns instrumentos; a textura variante entre o timbre das vozes e dos instrumentos; a flutuação da massa sonora com os glissandos vocálicos e instrumentais; o aspecto harmônico, definido pelas notas principais da série e pelas notas-satélite ou notas-comentário; o contraste dinâmico e de densidade entre o início da peça e seu ponto culminante.

Podemos dividir os procedimentos que aparecem na obra entre os efetuados com o texto e as palavras e os com as estruturas musicais. Em relação ao texto, o gesto formal de *O King* é o do advento, da chegada da palavra e, posteriormente, da frase: "O Martin Luther King".

A cristalização do texto começa com a apresentação das seguintes vogais pela voz de soprano I seguida pelo resto do coro: [i], [ɜ], [a], [o], [u].

Posteriormente, ocorre a ordenação dessa série de vogais conforme aparecerão no texto integral "O Martin Luther King": [o], [a], [i], [u], [ɜ]. A troca entre as vogais é feita também com passagens em glissando vocálico.

Aos poucos, formam-se as primeiras sílabas: Ma-, Lu-, tin, ther, King, Mar-.

Finalmente, a organização das sílabas e o texto completo no ponto culminante da peça: "O Martin Luther <u>King</u>"[7].

Berio resume a estruturação de *O King* da seguinte forma: "a segunda parte [...] não tem propriamente um texto, mas apenas

---

7. Ver mais sobre organização dos fonemas de *O King* em Menezes, 1993, pp. 147-148.

um revezamento de elementos fonéticos que conduzem ao 'descobrimento' gradual e à enunciação do nome do mártir negro Martin Luther King" (Berio, 1996, p. 97).

A eficiência da enunciação do nome de M. L. King na peça só acontece porque Berio, com uma estruturação musical precisa, controla com maestria a tensão que a estaticidade da peça cria e o momento de explosão que a libera de sua fixidez calculada.

No aspecto da sintaxe musical, *O King* apresenta uma série de vinte e uma notas (sete notas que aparecem três vezes cada) exposta pelo piano e pela voz de soprano I (ex. 39, página seguinte). As outras partes vocais e os outros instrumentos trabalham intensificando a ressonância da série, destacando-se a nota f_4 pedal a partir do compasso 18, que passa por diversos timbres da orquestra continuamente, em uma espécie de *Klangfarbenmelodie*. Algumas notas estranhas ao campo harmônico da série, funcionando como notas-comentário, são expostas gradativamente pelo piano e retomadas em outros instrumentos, principalmente na flauta e na harpa. Dividida em três grupos: **A**, **B** e **C**, a série de vinte e uma notas é exposta cinco vezes, sendo que, na última vez, apenas os grupos **A** e **B** aparecem. O grupo **C** é substituído por uma nota g_5 – ponto culminante – (ex. 40, página seguinte) e pela fragmentação das repetições até um *cluster* final descendente em modo frígio a partir da nota f_4 (parte aditada na versão orquestral). A duração das notas é estabelecida por uma série de vinte valores que se repetem com pequena variação[8]. Os ataques apresentados pelo piano conjuntamente com outros instrumentos em *ff*, que se destacam diante da textura de fundo em *ppp*, também apresentam a série de vinte e uma notas, só que exposta espaçadamente, em um

---

8. Sobre a organização rítmica de *O King*, ver Menezes, 1993, pp. 223-225.

total de duas vezes, sendo que esta série de ataques também é interrompida depois do segundo **B**.

Exemplo 39
Série de Vinte e uma Notas de *O King*

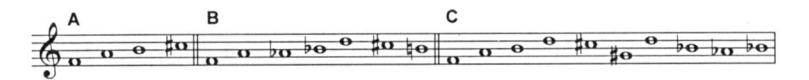

Exemplo 40
Ponto Culminante da Voz em *O King* (comp. 79)

2.2. EDGARD VARÈSE

Desde as idéias lançadas pelos manifestos futuristas se percebe, nas obras musicais do século XX, a progressiva ampliação do âmbito sonoro por meio da utilização de inarmonias, microtons e ruídos, principalmente com o emprego crescente dos instrumentos de percussão na orquestra. Destaca-se, nesse cenário, a importância do trabalho de composição com planos espaciais, linhas, massas, volumes e agregados sonoros do francês Edgard Varèse (1883-1965), que traz para o território da música um novo pensamento e vocabulário provenientes dos domínios das ciências matemáticas, da química e da física.

Em obras como *Hyperprism* (Colfranc – col. 6) de 1922-1923, para nove instrumentos de sopro e sete percussionistas, e *Intégrales* (Colfranc – col. 7) de 1924-1925, para onze instrumentos de sopro e quatro percussionistas, Varèse explora de forma inovadora as possibilidades de combinação entre os instrumentos de sons de altura definida e os ruídos das percussões. Essas experiências na criação de novas texturas com a progressiva independência do naipe das percussões, iniciadas desde *Amériques* (Colfranc – col. 1) de 1918-1921, com revisão em 1927, para grande orquestra, levam-no a compor *Ionisation* (Colfranc – col. 8) de 1929-1931, exclusivamente para treze percussionistas. Utilizando quase que na sua totalidade instrumentos de altura indefinida, Varèse redefine os parâmetros da composição, acrescentando o ruído às possibilidades tímbricas de transformação estrutural da forma musical. Além disso, Varèse também foi pioneiro na aproximação da música instrumental à produção em estúdio. Insatisfeito com as limitações dos instrumentos convencionais, Varèse foi um árduo pesquisador na criação e utilização de instrumentos elétricos, além de um incentivador da construção de meios que possibilitassem a espacialização da música, isto é, que os sons fossem imaginados e ouvidos percorrendo todas as direções. Sua peça *Déserts* (1950-1954) apresenta interlúdios eletroacústicos produzidos a partir da transformação de sons de percussão e de fábrica, que contrastam com os trechos instrumentais da obra, prenunciando o que pouco tempo depois se tornou a música eletroacústica mista. Sua obra seguinte *Poème électronique* (1957-1958) para fita magnética foi composta nos laboratórios da Philips em Eindhoven, na Holanda, e foi concebida para a apresentação no pavilhão da empresa construído por Le Corbusier e pelo então jovem arquiteto e compositor grego Iannis Xenakis (1922-2001), na Exposição Mundial de 1958 em Bruxelas. Varèse explica[9] como funcionaram os jogos de

---

9. Alguns textos manuscritos e datilografados de palestras e cursos proferidos por Varèse ao longo de sua vida deram origem à coletânea organizada por Chou Wen-chung e intitulada

luzes e os 425 alto-falantes com a combinação de 20 amplificadores na realização da obra (Varèse, 1983, p. 22):

> Os alto-falantes foram montados em grupos, nas chamadas "rotas de som" [*"Klangbahnen"*], para atingir vários efeitos como os da música correndo em volta do pavilhão ou também vindo de diferentes direções, sendo repelida etc. Pela primeira vez eu ouvi minha música literalmente projetada no espaço. (Aspas do original.)

Déserts e *Poème électronique* apontam Varèse como um dos poucos músicos de sua geração que viveram no período anterior ao advento da música feita em estúdio, com uma produção musical exclusivamente instrumental, e que também mergulharam na produção de obras eletroacústicas. Seu legado poético é determinante para o pensamento de toda a música da segunda metade do século XX. As obras *Hyperprism*, *Intégrales* e *Ionisation*, acima mencionadas, mais *Octandre* (Colfranc – col. 10) de 1923, para oito instrumentistas, serão analisadas mais adiante.

Para entendermos um pouco mais de que tratam as propostas composicionais de Varèse, vejamos o que ele diz inicialmente a respeito da sua concepção de Ritmo e da relação deste com a forma musical (Varèse, 1983, p. 18):

> Ritmo é freqüentemente confundido com métrica. A cadência ou a regular sucessão de batidas e acentos têm pouco a ver com o Ritmo de uma

---

"A Emancipação do Som" [*"The Liberation of Sound"*] (trad. do Autor), publicada pelos editores Elliott Schwartz e Barney Childs na *Contemporary Composers on Contemporary Music*, New York, 1966. Todas as citações de Varèse utilizadas neste livro foram traduzidas pelo Autor e retiradas da versão alemã integral da coletânea [*"Die Befreiung des Klangs"*] (tradução de R. Riehn) publicada na revista *Musik-Konzepte – Edgard Varèse*, n. 6 – Munique, edition text+kritik, 1983, pp. 11-24.

composição. Ritmo é o elemento na música que dá vida e consistência à obra. Ele é o elemento de estabilidade, o gerador da forma. Nos meus trabalhos, por exemplo, o ritmo deriva de uma ação recíproca simultânea entre elementos não relacionados que acontece no tempo de uma maneira calculada, mas não regular.

A idéia de Varèse define o Ritmo como uma conseqüência da sucessão no tempo de estados sonoros alternados, opostos ou sobrepostos entre si. Sendo o Ritmo a força geradora da forma musical, Varèse desconsidera totalmente modelos formais estabelecidos como ponto de partida para a composição de suas obras. Ele afirma (Varèse, 1983, p. 18): "Forma é o resultado – o resultado de um processo. Cada uma de minhas obras precisa descobrir sua própria forma". Em alguns casos, essa revelação da forma em Varèse provém de procedimentos processuais de transformação do objeto sonoro advindos de fenômenos não-orgânicos, como a cristalização de alguns minérios. Varèse estabelece uma analogia entre sua idéia de forma musical e o processo de cristalização, citando o mineralogista Nathaniel Arbiter da Universidade de Columbia (Varèse, 1983, pp. 18-19)[10]:

O cristal é caracterizado tanto por uma forma externa definida quanto por uma estrutura interna definida. A estrutura interna é baseada na unidade do cristal – o menor agrupamento de átomos que possui a ordem e composição da substância. A extensão da unidade no espaço forma todo o cristal. Porém, apesar da relativa variedade limitada das estruturas internas, as formas externas dos cristais são ilimitadas. [...] A forma do cristal em si é mais a resultante do que um atributo primário. A forma do cristal é a conseqüên-

10. O fragmento citado provém de uma palestra intitulada "Ritmo, Forma e Conteúdo" [*"Rhytmus, Form und Inhalt"*] proferida na Universidade de Princeton em 1959.

cia da interação de forças atrativas e repulsivas e do empacotamento ordenado do átomo.

Veremos mais adiante como esses elementos atômicos podem ser analogamente compreendidos na obra de Varèse de diversas maneiras: estratos sonoros que se combinam para a formação de um objeto sonoro complexo, a estrutura intervalar de duas segundas menores cromáticas que se projeta para a formação de suas entidades harmônicas características e as seções musicais que se organizam pela alternância e oposição de blocos de estados sonoros distintos. Varèse conclui relacionando a noção da forma como processo com o fenômeno de cristalização na construção de suas obras (Varèse, 1983, p. 19):

[...] uma idéia, a base de uma estrutura interna, expandida e dividida em diferentes formatos e grupos de sons, constantemente mudando de forma, direção e velocidade, atraída e repelida por várias forças. A forma da obra é uma conseqüência desta interação.

A reflexão de Varèse sobre o fenômeno de cristalização aponta para a importância das relações internas dos elementos substanciais do som no desenrolar de um processo formal, principalmente da morfologia e das características singulares de cada material. Em Varèse, a composição passa a ser feita diretamente sobre o som. As diferenças entre as noções de forma e conteúdo desaparecem (Varèse, 1983, p. 19):

Relacionada a esse assunto controverso a respeito de forma em música está a fútil questão sobre a diferença entre forma e conteúdo. Não há diferença. Forma e conteúdo são uma só coisa. Retire a forma e não há conteúdo, e se não há conteúdo só há um rearranjo de padrões musicais, mas nenhuma forma.

Em Varèse, processos de adição e subtração de elementos, opostos aos tradicionais desenvolvimentos motívico-temáticos, atuam diretamente na modificação das massas sonoras. Mudanças quantitativas causam mudanças qualitativas nos objetos sonoros. Varèse compõe alterando o número, a configuração, a densidade e a duração de suas massas, que se movem independente e simultaneamente a diferentes velocidades e em diversas direções.

Apesar da idéia de um compósito de camadas simultâneas em sua música, Varèse preocupa-se com a demarcação de cada um dos formantes que atuam na sua constituição. A separação de planos sonoros é obtida com a ajuda do estabelecimento das chamadas "zonas de intensidade", nas quais o timbre tem função preponderante, como explica Varèse (Varèse, 1983, p. 12):

Essas zonas seriam diferenciadas por vários timbres ou cores e diferentes intensidades. O papel do timbre ou cor seria completamente alterado, não mais incidental, anedótico, sensual ou pitoresco; ele se transformaria em um agente de delineamento e parte integrante da forma. Essas zonas seriam sentidas como que isoladas, e a até então inacessível não-mistura – ou ao menos a sensação de não-mistura – seria possível.

A sensação de distância ou profundidade das linhas e massas sonoras é obtida com o controle dos parâmetros de intensidade e timbre, aliados às condições acústicas de reverberação do espaço em que a música acontece. A cuidadosa notação de dinâmicas e articulações (crescendos, diminuendos, *sforzandos, staccatos* etc.) juntamente com a escritura orquestral apurada fornecem os indícios da preocupação de Varèse com a projeção do som no espaço, mesmo em suas obras puramente instrumentais.

Varèse, quando cita a definição de Brahms de que a "composição é uma organização de elementos disparatados" (Varèse, 1983, p. 14), sustenta uma proximidade entre a elaboração de suas obras e os procedimentos que colocam materiais heterogêneos em relações de forças. A montagem e a sobreposição têm um papel fundamental na aproximação ou afastamento entre os planos. Há em Varèse desde as forças brutas que repelem os materiais, criando uma sensação de fissão sonora, até forças de aproximação que fundem os objetos. Na medida em que durante o processo elementos são adicionados, removidos ou transformados nas massas sonoras, os blocos alteram seus estados continuamente e, conseqüentemente, a forma musical vai se revelando nas transmutações que se sucedem. Apesar da existência preponderante de forças de colisão e repulsão entre os diferentes planos opostos que se projetam uns sobre os outros, há também forças de penetração e acoplamento presentes nas ressonâncias entre os materiais. Os blocos sonoros são ligados ou pelas deformações convergentes de seus materiais ou pela troca de elementos entre si: apojaturas, notas prolongadas, notas reiteradas, notas alternadas (trilos, trêmulos etc.), glissandos, curvaturas e verticalizações das alturas, perfil dinâmico, timbre, articulações, harmonia etc.

Varèse utiliza diversos novos procedimentos de variação do material sonoro, como os de projeção, rotação, distorção, expansão e contração. Além disso, ele também utiliza procedimentos específicos para a fissão de massas – simultaneidade de elementos divergentes – e fusão intervalar – acordes inarmônicos que transformam a percepção de intervalos dissonantes em escuta de aglomerados indivisíveis, isto é, em compostos tímbricos. Veremos como tudo isso aparece em suas obras que analisaremos a seguir.

A obra *Hyperprism* de Varèse, para nove instrumentos de sopro e sete percussionistas, apresenta um material melódico enunciado pelo trombone tenor no compasso 2, conforme demonstra o exemplo 41, que contém três elementos: o $c^\#$ como nota central, o glissando cromático ascendente de 2M (b, $b^\#$ e $c^\#$) e o glissando cromático descendente de 3M (f, e, e_b, d, $c^\#$). Tomando o segundo elemento de três notas – a 2M cromática – e projetando suas relações intervalares para o âmbito harmônico, obtêm-se diversos acordes por meio de procedimentos de expansão, contração e rotação[11] (ex. 41). É interessante notar como a montagem de cada um dos acordes derivados provém da combinação rotativa dos intervalos de 2m e 2M juntamente com suas inversões, 7M e 7m respectivamente. As análises seguintes irão confirmar a presença desses estratos na estruturação do material harmônico de *Hyperprism*.

Exemplo 41

Elementos Iniciais em *Hyperprism* e Projeções
e Rotações da Célula de 2M Cromática

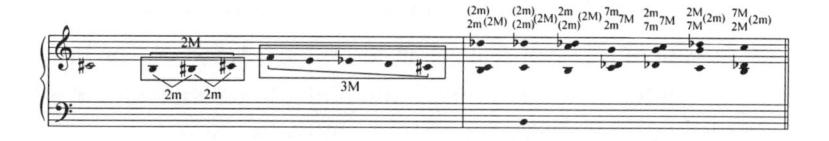

---

11. Os parênteses em torno dos intervalos significam que estes são compostos, isto é, encontram-se além de uma oitava, por ex. (2m) = segunda menor composta, (2M) = segunda maior composta etc. Já a classificação nos exemplos é feita da seguinte forma: dos três intervalos vistos sobre ou sob cada estrutura temos dois sobrepostos e um posicionado mais à direita. Este se refere ao intervalo entre as notas extremas, aqueles respectivamente aos intervalos entre uma nota superior e a intermediária e entre a nota intermediária e a inferior. No primeiro acorde do exemplo há, portanto, entre as notas d_b e c uma (2m), entre c e b uma 2m e entre d_b e b uma (2M). A seqüência é grafada entre colchetes no corpo do texto da seguinte forma: [(2m),2m,(2M)].

Exemplo 42
Séries Harmônicas de Duas Notas Vizinhas de Semitom: *c♯* e *d*

As derivações provenientes do estrato harmônico elementar de 2M cromática, observadas no exemplo 41, são utilizadas por Varèse na formação de diferentes aglomerados sonoros, analogamente ao processo de cristalização, em que as unidades atômicas internas dos cristais se projetam espacialmente na criação de variadas formas externas. Destaca-se, ainda, a predileção de Varèse pelos intervalos harmônicos de 2m e 7M nos estratos harmônicos, que se justifica pela opção do compositor em trabalhar com sonoridades extremamente dissonantes. Os intervalos harmônicos de 2m e 7M, mais do que quaisquer outros intervalos do sistema temperado, inclusive o trítono, colocam sobre suas notas fundamentais, como mostra o exemplo 42, duas séries harmônicas que só apresentam notas comuns a partir do 11º harmônico, este inclusive com diferença de microtom. A quantidade de batimentos proveniente do intenso choque entre as diferentes notas fundamentais se potencializa na proximidade dissociada e conflitante de todos os parciais iniciais das duas séries, resultando em uma sonoridade intervalar extremamente áspera. Quando Varèse cria suas estruturas de base a partir de dois intervalos consecutivos de 2m e deriva daí seus compostos harmônicos, a sobreposição dos estratos já internamente dissonantes se amplifica. Obtêm-se, então, aglomerados de notas que podemos denominar como inarmônicos, já que simulam o efeito da qualidade de timbre que percebemos "presente quando os sons parciais que constituem uma nota musical não combinam com a série harmônica (*i.e.*, não são múltiplos da freqüência fundamental)"[12], como, por exemplo, acontece em instrumentos como os gongos e sinos[13].

A enunciação do material harmônico-melódico de *Hyperprism* também apresenta outro interessante procedimento já comentado anteriormente: a criação do efeito de profundidade e espacialização com meios instrumentais. A orquestração do trecho mostra o cuidado de Varèse em criar um amplo espaço de projeção dos sons, já que a mesma nota $c^\#_4$ permanece sendo ouvida continuamente, porém tocada alternadamente em uma espécie de *Klangfarbenmelodie* pelo trombone com surdina e pelas trompas com e sem surdina, que variam também dinâmica e articulação.

O exemplo 43 (página seguinte) mostra como Varèse insere progressivamente outras notas em torno do $c^\#$ inicial, apresentando um material harmônico com predominância dos intervalos de 2m e 7M nas estruturas, além da presença de 3M e de 5a (resultado da sobreposição de duas 3M). A entrada das outras notas, não por acaso, inicia-se com o *d* e logo depois o *c*, ambas polares[14] e à distância de 2m do $c^\#$ inicial, e prossegue sucessivamente. O efeito de dispersão harmônica a partir de uma nota central no início de *Hyperprism* é análogo à decomposição da luz branca no espectro de cores quando esta atravessa um prisma de cristal.

12. Cf. S. Sadie (ed.), *Dicionário Grove de Música* (edição concisa), Rio de Janeiro, Jorge Zahar, 1994, pp. 450-451.
13. Sobre sons harmônicos e inarmônicos em Varèse, ver Tremblay, 1985, pp. 29-46.
14. Mais sobre o fenômeno de polarização, ver Costère, 1962.

Exemplo 43

Esquema do Início de *Hyperprism*

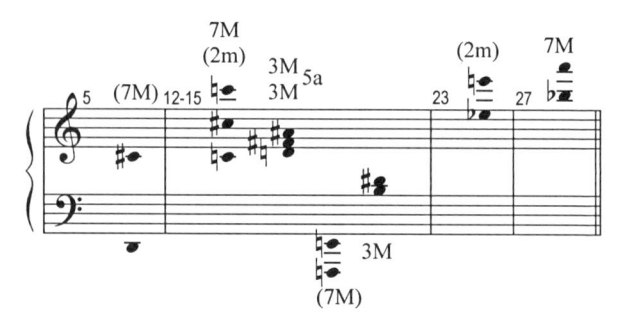

O estrato sonoro elementar de 2M (duas 2m consecutivas) apresentado como material melódico nos glissandos do trombone, juntamente com suas derivações e sua dilatação em 3M (quatro 2m consecutivas), estrutura desde figurações melódicas da peça, como as demonstradas no exemplo 44, até aglomerados harmônicos diversos, como os do exemplo 45 (página seguinte).

Exemplo 44

Figurações Melódicas em *Hyperprism*

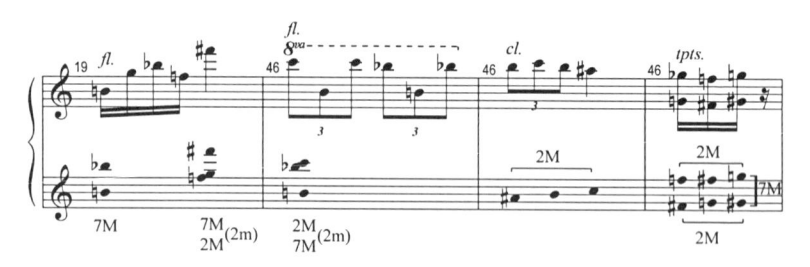

A figura melódica (ex. 44) do compasso 19 feita pela flauta pode ser compreendida como uma junção de dois estratos: um, intervalar de 7M, o outro, derivado da estrutura elementar de 2M cromática formando o bloco [7M,2M,(2m)]. A mesma flauta no compasso 46 apresenta uma outra figura melódica estruturada sobre uma variante do bloco anterior: [2M, 7M, (2m)]. No mesmo compasso 46, o clarinete faz uma figuração a partir da estrutura elementar de 2M cromática, o mesmo acontecendo com os dois trompetes, que sobrepõem suas linhas idênticas em uma relação intervalar de 7M.

Exemplo 45
Acordes de *Hyperprism*

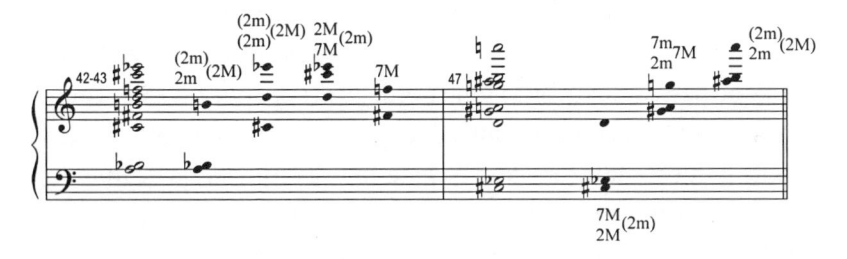

O exemplo 45 mostra os estratos formantes internos dos aglomerados harmônicos dos compassos 42-43 e 47. Destaca-se a presença de variados blocos derivados da estrutura elementar de 2M cromática, com a preponderância dos intervalos internos de 2m e 7M (primeiros intervalos harmônicos da peça), juntamente com 2M e 7m, como nas formações de: [(2m),2m,(2M)], [(2m), (2m), (2M)], [2M,7M,(2m)], [7M,2M,(2m)] e [7m,2m,7M].

Outros momentos da peça também confirmam a presença do estrato elementar de 2M cromática como estrutura de base, bem como do intervalo de 3M (elemento intervalar no glissando descendente do início). O exemplo 46 (página seguinte) mostra as notas feitas pelo trombone na frase melódica a partir do compas-

Exemplo 46

Trecho do Trombone (cifra 8 de *Hyperprism*)

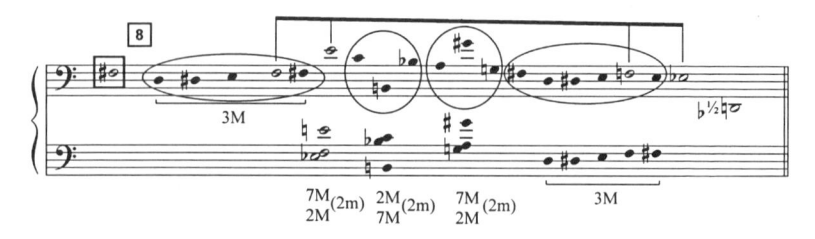

so 62, um antes da cifra 8 da partitura. O trecho, uma espécie de recapitulação transposta da frase inicial da obra, inicia-se com a nota $f^\#$ seguida de um glissando ascendente de 3M interrompido em incisivas reiterações do f e concluído na seqüência de volta em $f^\#$, que passa a soar como uma bordadura superior do f. No compasso 65 a linha do trombone dilata-se para a região aguda com a nota e, que juntamente com o f anterior e a última nota da linha, o e_b do compasso 68, formam um dos blocos (notas brancas no exemplo) derivados do estrato elementar: [7M,2M,(2m)]. A continuação da linha melódica, a partir da nota e do compasso 65, apresenta mais dois blocos de estruturas conhecidas: a variante [2M,7M,(2m)], e o segmento repetido [7M,2M,(2m)]. No compasso 67 reaparece a estrutura intervalar de 3M, além do glissando ascendente interrompido na nota f. O trecho termina no compasso seguinte com a chegada na nota e_b no trombone tenor e a aparição de um d_2 quarto-de-tom abaixado.

As figuras melódicas que surgem a partir da cifra 9 (ex. 47, página seguinte), tanto no *piccolo* quanto no clarinete em e_b, também estão estruturadas a partir de derivações do estrato elementar: [2M,7M,(2m)] e [7M,2M,(2m)]. Destacam-se na frase final do trecho feita pelo *piccolo* no compasso 71 as duas 3M ascendentes nas notas da ponta dos segmentos melódicos, relacionadas diretamente às 3M sobrepostas já vistas na cifra 2 da partitura.

Exemplo 47

Figuras Melódicas de *Hyperprism*, cifra 9

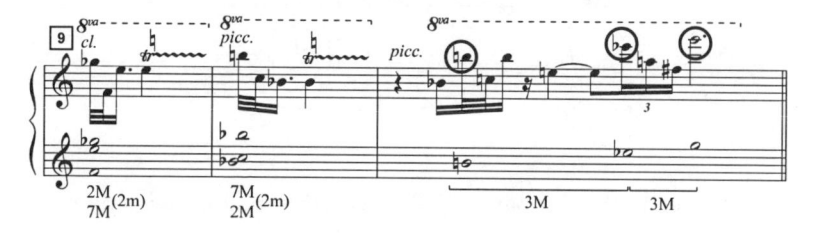

O trecho da cifra 4 de *Hyperprism* apresenta um interessante procedimento na organização dos acordes tocados pelas trompas e trombones, conforme mostra o exemplo 48 (página seguinte). A alternância entre o primeiro e o segundo acordes, **A** e **B** respectivamente, revela que o contraste entre ambos está associado a uma fissura na estrutura de formação do primeiro (**A**) que transforma o estado do segundo (**B**). Em **A**, a estrutura de 3M cromática já vista é a base de construção do acorde, que distribui suas notas espacialmente de tal forma que há dois estratos internos já conhecidos sobrepostos: o intervalo de (2m) em **A**1 e o bloco [(2m),2m,(2M)] em **A**2. O acorde **B** é formado pela transposição das notas do grupo de **A** 4j acima. Varèse quebra, porém, a estrutura de 3M cromática de **A** em dois grupos formados por 2M cromática e 2m. A 3M de **A** se transforma, portanto, em uma 4j em **B** com uma nota ausente. O acorde **B** também contém dois estratos internos similares aos vistos em **A**: o intervalo de (2m) em **B**1, transposição de trítono acima do equivalente **A**1, e o bloco [2m,7m,7M] de **B**2 que, com a oitavação da nota *b*, como mostra o exemplo em **B**2′, é equivalente a **A**2 com transposição de 4j acima.

Exemplo 48
Relação entre Acordes em *Hyperprism*, cifra 4

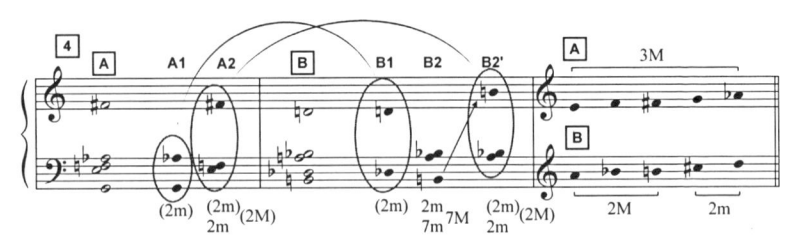

O trecho do compasso 72 de *Hyperprism* dá indícios do profundo conhecimento de Varèse sobre os fenômenos físico-acústicos e de suas possibilidades especulativas para a composição[15]. Referimo-nos, aqui, especialmente aos fenômenos acústicos dos sons de combinação, especificamente ao conhecido como som diferencial. Segundo o cientista alemão Hermann Helmholtz (1821-1894), os sons de combinação foram descobertos em 1745 pelo organista alemão Georg Andreas Sorge (1703-1778), porém ficaram mais conhecidos como sons de Tartini (1692-1770), em referência ao violinista italiano. O termo "som diferencial" foi cunhado por Helmholtz (Helmholtz, 1954, pp. 152-159) para designar o som que se junta à combinação de duas freqüências senoidais: *f2* e *f1*. Helmholtz explica que o som diferencial é o resultado obtido entre *f2* menos *f1* (admitindo-se *f2* maior do que *f1*). Entretanto, sua audição só é possível se os sons originais forem bem fortes. No exemplo 49 (página seguinte), a combinação feita por Varèse na região aguda de 7M entre as notas a_{b6} e g_7 (com freqüências de 1.661,22 Hz e 3.135,96 Hz respectivamente) tocadas por *piccolo* e clarinete

---

15. Mais sobre o assunto no texto de 1936 intitulado "Novos Instrumentos e Nova Música" [*"Neue Instrumente und Neue Musik"*] (Varèse, 1983, pp. 11-13).

em e_b, com dinâmica f e ff, provoca o surgimento de um som diferencial simples de 1.474,74 Hz, isto é, a nota $f^{\#}_4$ ligeiramente baixa. O acorde resultante é uma das variantes do estrato elementar presente em toda a obra: o bloco [7M,2M,(2m)]. Uma coincidência acústica ou propósito especulativo de escritura espectral?

Exemplo 49

Som Diferencial Simples

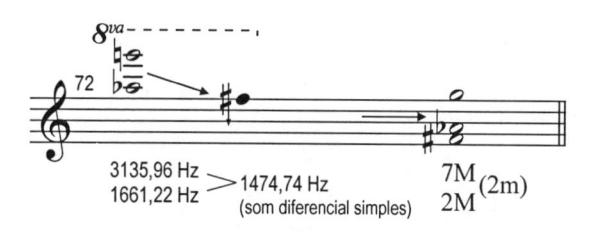

Apesar de não encontrarmos uma sistematização fixa na organização harmônica de *Hyperprism*, podemos afirmar que os elementos enunciados ao início da obra – o glissando cromático ascendente de 2M (b, $b^{\#}$ e $c^{\#}$) e o glissando cromático descendente de 3M (f, e, e_b, d, $c^{\#}$) – sofrem um processo equivalente ao fenômeno de cristalização já mencionado. Como os pequenos estratos elementares permanecem fixos em sua estrutura intervalar de base, sofrendo apenas rotações e projeções espaciais, são os aglomerados resultantes que sofrem as mudanças de forma e criam a variedade. O processo gera diferentes formações de acordes, mas que possuem em comum, como nos cristais, a unidade do elemento atômico interno. Ao mesmo tempo, a idéia de decomposição da luz branca em espectros de cores ao passar por um prisma se consolida como forma-processo em *Hyperprism*, quando verificamos a direcionalidade global da obra. Varèse constrói uma refração harmônica a partir do ponto singular inicial, a nota central $c^{\#}_4$, que se direciona à saturação espectral no último acorde da peça, com a sobreposição quase que simultânea das doze notas da gama cromática (ex. 50) tocadas em *sffff* nos nove instrumentos da família dos sopros. Mais três instrumentos do grupo das percussões, o prato suspenso, o tam-tam e o triângulo, ajudam a preencher consideravelmente o âmbito freqüencial audível.

Exemplo 50
Trecho Final de *Hyperprism* (cifra 10)

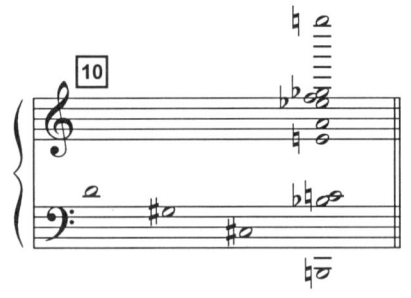

A camada dos instrumentos de percussão em *Hyperprism* funciona, na maior parte do tempo, independente e alternadamente às idéias apresentadas pelos sopros. Ela tem desde texturas prolongadas e reverberantes, até sons fragmentários e repetidos, em uma ampla gama de sonoridades que se aproximam e se afastam. O naipe utiliza apenas percussões de altura indefinida, como peles, madeiras e metais, com destaque especial para a utilização da sirene, que já havia aparecido em *Amériques* e é utilizada repetidamente em outras obras por Varèse. Eventualmente, a camada da percussão interage com os objetos sonoros dos sopros, criando inclusive momentos de homogeneidade, como na cifra 4 da partitura e no final da obra.

A partir das análises feitas pode-se perceber a presença de uma idéia de formação germinativa a partir de uma estrutura de base em *Hyperprism*, como nas formas musicais dinâmicas de Adorno, porém com ausência dos desenvolvimentos progressivos. Os procedimentos de permutação e rotação intervalar apenas distorcem e modificam o estado do material sonoro, sem lhes impingir crescimento ou evolução. A mutação do objeto sonoro em Varèse sensibiliza a escuta do processo e das forças que atuam no tempo, não dando ênfase a qualquer progressividade do discurso. Além disso, a idéia stravinskiana da montagem e sobreposição de blocos está presente claramente em Varèse. Há, em *Hyperprism*, desde a justaposição de blocos heterogêneos, como os grupos de sopros e percussão, até a simultaneidade divergente provocada pela sobreposição de eventos e objetos distintos.

Outra obra de Varèse, *Octandre*, também apresenta acordes formados pela aglomeração de variantes do estrato elementar de 2M cromática já visto em *Hyperprism*. O exemplo 51 mostra essas estruturas no primeiro movimento da obra, destacando-se os já conhecidos blocos de: [(2m),2m,(2M)], [2m,(2m),(2M)], [2m,7m,7M] e [7M,(2M),(2m)].

Exemplo 51
Acordes de Octandre

Exemplo 52
Acorde Final do Segundo Movimento de *Octandre*

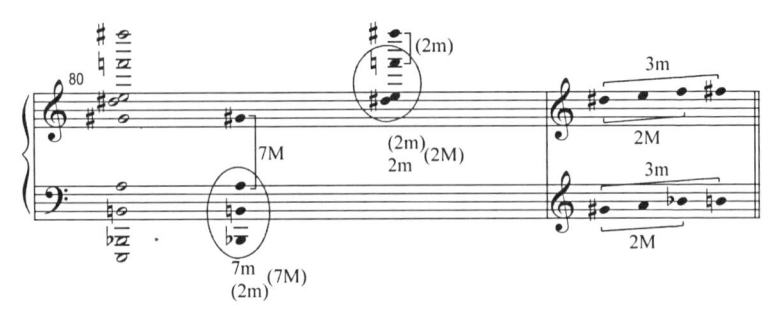

O último acorde do segundo movimento de *Octandre* expande o elemento de 2M cromática introduzindo mais uma nota no grupo. O exemplo 52 mostra a nova célula de 3m cromática e os blocos compostos que aparecem dentro do acorde final do segundo movimento: {[7m,(2m),(7M)], 7M} e {[(2m),2m,(2M)], (2m)}. As relações harmônicas características de Varèse ainda continuam no terceiro e último movimento de *Octandre*, que termina com um acorde derivado do estrato elementar de 2M cromática feito por trompa, trompete e trombone: [7M,2M,(2m)] (ex. 53).

Exemplo 53
Acorde Final do Terceiro Movimento de *Octandre*

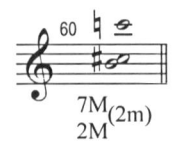

Octandre também apresenta um interessante procedimento de verticalização das alturas. A peça inicia com um solo de oboé com sutis apoios melódicos de clarinete e contrabaixo. A melodia do oboé polariza inicialmente as notas $d^\#$ e a. Em um movimento brusco ascendente a partir do compasso 9, a linha do oboé se refrata em outras linhas que inserem um novo campo de perspectiva harmônico. O exemplo 54 mostra como, a partir do congelamento da nota aguda g_6 feita pelo oboé no compasso 10, as entradas da flauta, clarinete e trompete inserem todas as doze notas da gama cromática, provocando uma saturação que interrompe as relações estabelecidas pelo oboé na linha anterior e introduz uma nova dimensão de massa sonora com a verticalização do plano harmônico.

Exemplo 54

Saturação do Plano Harmônico (compasso 10 de *Octandre*)

Outro interessante procedimento em *Octandre* é a troca de instrumentação que Varèse faz em uma mesma camada de notas estáticas, criando um efeito semelhante ao visto na obra *Farben* de Schoenberg: as Colorações de Acorde. O trecho, apresentado no exemplo 55 (página seguinte), encontra-se a partir do compasso 49 do segundo movimento de *Octandre*. Dois acordes com camadas superiores de quatro notas comuns são justapostos continuamente nesse trecho da obra. As três notas da região grave se movimentam a cada mudança de acorde. As quatro notas superiores (*f* - *g* - *f#* - *c#*) permanecem estáticas, porém mudam de instrumentação alternadamente. As quatro notas superiores são respectivamente tocadas no primeiro acorde por trompete, oboé, flauta e fagote, e no segundo por flauta, trombone, trompete e trompa.

Exemplo 55
Colorações de Acorde em *Octandre*

A obra seguinte de Varèse, *Intégrales*[16], apresenta uma construção ainda mais diversificada entre o bloco dos onze instrumentos de sopro e a camada das percussões. Como em *Hyperprism*, grande parte do tempo ambos os grupos atuam de forma independente, porém, em *Intégrales*, há tanto momentos de convergência rítmica entre percussão e sopros (o início do segundo tema, nos compassos 93 a 100), como também aparecem relações de convergência de perfil dinâmico e gestual (nos compassos 153 a 154 e 223 a 224) e relações texturais (nas combinações tímbricas fixas entre o bloco chinês, guizos e trompa a partir do compasso 32). Essas múltiplas relações aumentam as forças que agem entre as duas camadas, intensificando a complexidade na escuta da obra.

---

16. Mais sobre *Intégrales*, conferir a análise em: Tremblay & Mache, 1985.

Outra interessante relação entre blocos acontece internamente dentro da seção dos sopros (ex. 56). O primeiro tema da obra, a partir do compasso 1, feito inicialmente pelo clarinete em e_b e posteriormente pelo trompete com surdina e pelo oboé, configura-se como um formante melódico, estrutura **A**. Sua característica intervalar é o salto consecutivo ascendente de 5d e 2M, em um âmbito total de 6m. Essa estrutura intervalar contrasta com o estrato elementar de 2M cromática que há tanto em *Hyperprism* como em *Octandre*. Esse novo estrato tem função importante na criação de diferentes aglomerados harmônicos em *Intégrales*, como é o caso da estrutura **B**, um formante agudo tocado a partir do compasso 5 pelos *piccolos* e clarinete em b_b, constituído por um novo tipo de bloco de relações intervalares equivalentes à célula de **A**: [6m,5d,(2M)]. A estrutura **C**, um formante grave, é constituída por um bloco intervalar diferente dos anteriores: [6M, 3M,(2m)]. O agenciamento dessas três estruturas (**A**, **B** e **C**) fixas na sua configuração de massa, mas sobrepostas de maneiras diversas, com defasagens e trocas de perfil dinâmico, cria no bloco dos sopros uma contínua mudança de estado sonoro do objeto e da forma, mesmo com a fixidez do parâmetro das alturas.

Exemplo 56

Estruturas **A**, **B** e **C** em *Intégrales*

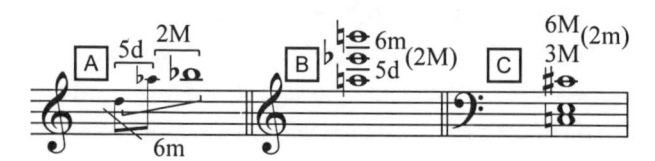

Exemplo 57
Acordes de *Intégrales*

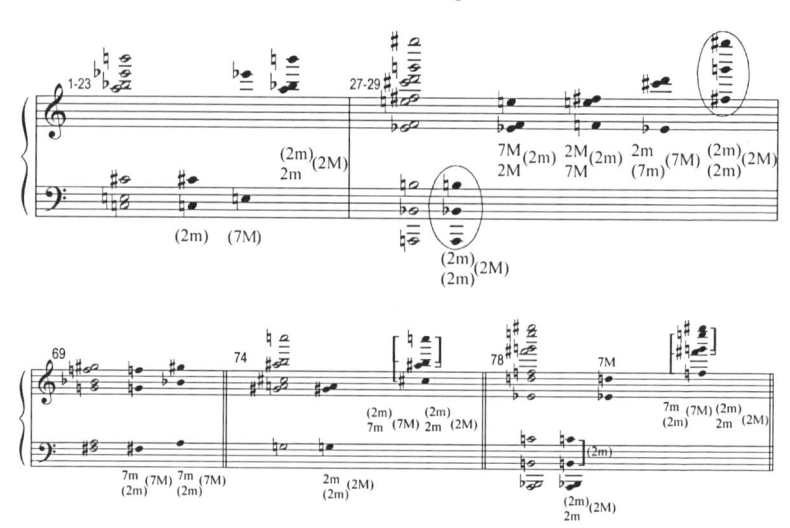

Intégrales apresenta, portanto, novas relações intervalares, especialmente de terças e sextas, que contribuem para um contraste harmônico maior com as formações derivadas do já conhecido estrato elementar de 2M cromática que também aparece no decorrer da obra como nos acordes apresentados no exemplo 57.

Em relação aos materiais **A, B** e **C**, após uma fusão total entre si na formação de um único objeto sonoro nos compassos 26 a 29, suas configurações internas se modificam a partir do compasso 32 em **A', B'** e **C'**, conforme mostra o exemplo 58 (página seguinte). Nota-se que a saturação espectral é provocada pela distribuição de todas as notas da gama cromática entre as três estruturas fixas. Destaca-se, nesse momento da peça, a resposta melódica em 2M cromática executada pelo trombone, que também constitui o formante **A'**.

Exemplo 58

Estruturas **A'**, **B'** e **C'** em *Intégrales*

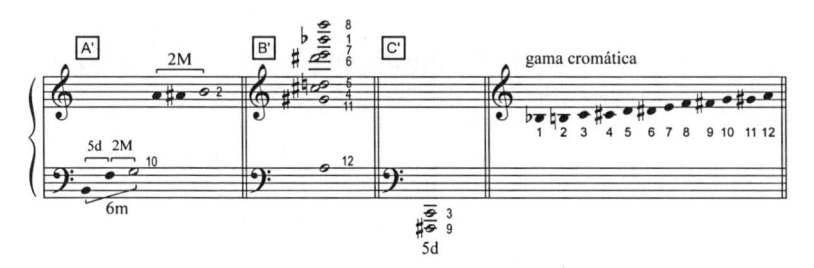

Exemplo 59

Detalhe de Conexão em *Intégrales* (comp. 19)

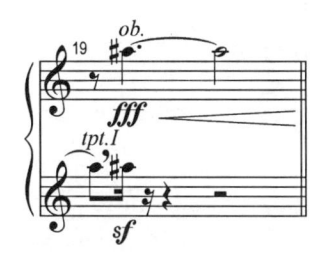

O trabalho de Varèse na criação de efeitos de distância e profundidade é destacado pela análise orquestral de John Strawn do segmento melódico de **A** (Strawn, 1978, pp. 138-160). As trocas melódicas entre o clarinete em e_b, o trompete e o oboé simulam um movimento espacial interno à estrutura **A**, já que as linhas se fundem sem que haja qualquer interrupção nas trocas, como mostra o detalhe do compasso 19 no exemplo 59. A percepção associa a distância aos instrumentos de menor projeção sonora e com os primeiros parciais menos proeminentes da série harmônica que produzem.

Outro detalhe da instrumentação de Varèse aparece no exemplo 60, que mostra como o compositor cria efeitos de linhas reverberantes com uma escritura precisa. As notas que passam pela melodia deixam rastros que são marcados pela entrada em *pp* de instrumentos de apoio. Essa mesma técnica de linhas reverberantes é utilizada de maneira muito semelhante por Berio em seu *O King* para orquestra de 1968[17].

Exemplo 60
Escritura Instrumental em *Intégrales*

Outros aglomerados harmônicos de *Intégrales*, com estruturação a partir das células melódicas de terças e sextas, estão demonstrados no exemplo 61 (página seguinte). Destaca-se, na construção desses acordes, a presença de simetrias entre os blocos intervalares extremos[18], como os de: [6M,3M,(2m)], [5j,5d,(2m)] e [7M,3m,(2m)].

---

17. Cf. a análise de *O King* no final do item 2.1. do capítulo 2 deste livro.
18. Ver também os acordes do exemplo 57. Mais sobre acordes espelhados em Varèse, ver Ferraz, 2002, p. 17.

Exemplo 61

Acordes com Predominância de Intervalos de Terças e Sextas e com a Presença de Blocos Intervalares Simétricos nas Extremidades (Notas Circuladas)

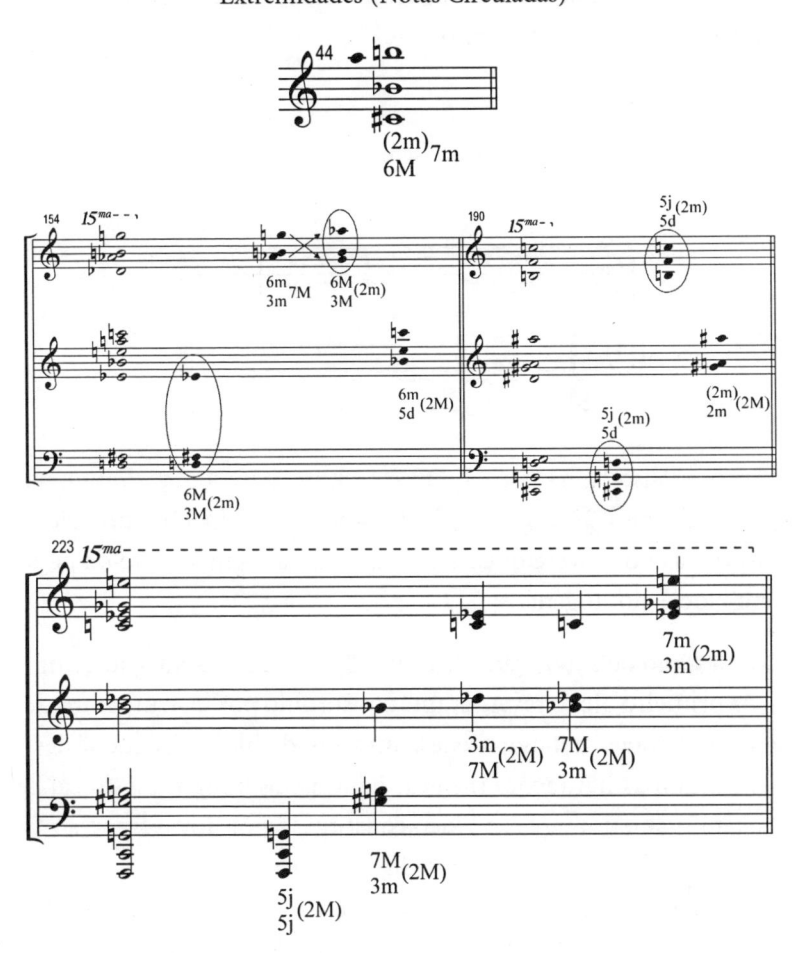

Já a obra *Ionisation*, integralmente escrita para instrumentos de percussão, incluindo o piano, apresenta apenas em seu final a aparição dos instrumentos de altura definida (o piano, os *tubular bells* e o *glockenspiel*). O exemplo 62 mostra que Varèse utiliza uma escritura harmônica que privilegia intervalos de 7M e trítono, utilizando todas as notas da gama cromática (as notas a e e_b estão nos extremos do *cluster* do piano).

Exemplo 62
Notas de Altura Definida em *Ionisation*

A análise[19] feita por Chou Wen-chung para a obra *Ionisation* (Wen-chung, 1983, pp. 52-74) destaca as combinações tímbricas utilizadas por Varèse que determinam uma segmentação da peça em blocos homogêneos:

a) a seção de exposição, até a cifra 3, com a apresentação de um primeiro bloco reverberante constituído por instrumentos de pele grave, metais e sirenes, um segundo bloco em que se destacam as figurações rítmicas feitas pelos bongôs e pela caixa militar e um terceiro bloco constituído por novas figuras rítmicas feitas pelos blocos chineses e pelo tarol;

b) uma seção de transformações lineares e de sobreposição das texturas apresentadas anteriormente, durante as cifras 4 a 6;

---

19. Outras análises de *Ionisation* cf. François, 1991; e, em português, ver Mesquita, 1997.

c) uma seção de verticalização das estruturas, cifras 7 e 8, com a convergência das articulações rítmicas;
d) uma seção de reprise do primeiro bloco reverberante, na cifra 9;
e) uma outra seção com transformações lineares dos três blocos iniciais, nas cifras 10 e 11;
f) uma outra seção de verticalização, na cifra 12;
g) a coda, a partir da cifra 13, com a entrada dos instrumentos de altura definida.

A homogeneidade das texturas provenientes das combinações dos instrumentos em cada bloco, aliada à estabilidade dos procedimentos em cada seção, promove a clareza discursiva em uma forma de organização original. A ausência de melodias em *Ionisation* não impede, como diz Varèse, que a obra flua "como um rio" (Varèse, 1983, p. 12).

2.3. GIACINTO SCELSI

O compositor e escritor italiano Giacinto Scelsi (1905-1988), Conde D'Alaya Valva, é uma importante figura na música do século XX. Segundo Anderson (Anderson, 1995, pp. 22-27), Scelsi, um autodidata que freqüentava a casa do compositor italiano Ottorino Respighi (1879-1936), iniciou sua carreira compondo obras seriais. A obra *Four Poems* (1936) para piano é considerada uma das primeiras peças dodecafônicas compostas por um italiano. A partir dos anos de 1940, Scelsi abandona o serialismo em favor da politonalidade e de estilos mais ecléticos, como o neoclassicismo. Compõe, no período, o seu primeiro *Quarteto de Cordas* (1944) e a cantata *La naissance du verbe* (1947-1948). No início da década seguinte, Scelsi sofre um colapso mental e é hospitalizado. Vive, então, um período de internação que transforma profundamente sua personalidade e sua música. Torna-se devoto do zen-budismo e praticante da meditação e ioga. Seu interesse musical volta-se à improvisação. Segundo relatos, as inúmeras horas que passava à frente do piano tocando uma mesma nota durante sua crise modificam sua maneira de ouvir, levando-o a uma viagem ao centro do som. Insatisfeito com as limitações do sistema temperado, Scelsi abandona o piano e passa a fazer suas improvisações em um teclado eletrônico de três oitavas – *ondiola* – com possibilidades de manipulação microtonal, como glissandos e quartos-de-tom, e de utilização de *vibrato* e timbres predeterminados. Todo o trabalho passa a ser gravado em fita. Scelsi cria diversas obras em colaboração com os instrumentistas, como *Canti del capricorno* (1962-1972) para soprano, com Michiko Hirayama, e a *Trilogia* (1957-1965) para violoncelo, com Frances-Marie Uitti[20]. Em muitas obras de Scelsi destaca-se a assistência direta do compositor italiano Vieri Tosatti[21], que transcrevia as gravações, escrevia as partituras e dirigia os ensaios das obras.

Com elaborações sutis sobre o espectro do som, Scelsi desloca a percepção da variação intervalar das alturas para a percepção das diferenças de flutuação microtonais. Sua poética pode ser resumida em três pontos: o alargamento do tempo, a simplificação da linha melódica até a projeção da dimensão das alturas sobre uma só nota e a introdução gradual das inflexões microtonais. Seu trabalho é focado para a sensibilização das microvariações dos elementos tímbricos, explorando os movimentos internos do

---

20. Para uma análise mais detalhada das peças para instrumento solo de Scelsi, inclusive de *Trilogia*, ver Zeller, 1983, pp. 24-66.

21. Sobre a participação de Tosatti na obra de Scelsi, inclusive na escritura das peças orquestrais e no *Quarteto de Cordas nº 4*, ver Sciannameo, 2001, pp. 22-26.

som por meio de procedimentos que atuam sobre densidades, articulações, ataques, dinâmicas, formantes, parciais, ritmos, microflutuações de altura e glissandos entre outros. Scelsi compõe diretamente sobre os elementos que constituem e deformam o espectro sonoro.

Scelsi utiliza técnicas que estendem as possibilidades sonoras dos instrumentos musicais e da voz. Suas inovações vão desde as técnicas de execução, como os diversos tipos de pressão e posição do arco nas cordas, até a rigorosa distribuição e combinação dos instrumentos na criação de novos timbres e densidades na orquestração. Esse trabalho é evidente em obras como: *Quattro pezzi per orchestra (ciascuno su una nota sola)* (1959) para orquestra, *Wo Ma* (1960) para voz de baixo, *Pranam* (1972) para soprano, doze instrumentos e fita magnética e *Le réveil profond* (1977) para contrabaixo. A escritura do *Quarteto de Cordas nº 4* (1964) também é bastante inovadora, com cada músico chegando a ler, simultaneamente, um pentagrama para cada corda do instrumento.

As *Quattro pezzi per orchestra* são construídas sobre quatro notas diferentes em cada movimento: f, b, a_b e a. Porém, apesar da reduzida faixa freqüencial ocupada em cada movimento da peça, outras notas, além das citadas anteriormente, também aparecem. As variações acontecem tanto com os desvios microtonais dos centros polarizados, quanto com mudanças de registro e adensamentos provocados pelo aparecimento de outros intervalos harmônicos, como terças e quintas. Já no *Quarteto de Cordas nº 4* (Salabert 17823), obra em apenas um movimento, Scelsi modifica sua estratégia formal utilizando o deslocamento ascendente gradual da nota inicial – c_4 – até a nota final – a_7. Esse processo direcional é percebido globalmente, mas outras trajetórias de velocidades distintas ocorrem durante a peça, ajudando a criar combinações instáveis nas transformações intervalares e na forma. Entretanto, o efeito global de um processo direcional é garantido por Scelsi com uma progressiva passagem da estabilidade inicial para uma crescente instabilidade. A saturação é interrompida com uma filtragem espectral no final da obra (ex. 63, página seguinte). Esse mesmo tipo de processo gradual e direcional também aparece em outras obras de Scelsi, como no concerto de violino *Anahit* (1965)[22].

Os procedimentos composicionais de Scelsi relevam as organizações harmônicas a partir das relações intervalares e mergulham a escuta em um universo aparentemente fixo de alturas, no qual a qualidade do timbre assume a função mutável. Essa fixidez enganosa é superada com a percepção da penetrante variação freqüencial ocasionada por microtons e glissandos a partir de uma nota central. A forma se delineia a partir do gradual processo de deslocamento intervalar dos centros polarizados. As transformações tímbricas em Scelsi também têm relação com a idéia de refrações harmônicas nas quais a partir de uma nota fundamental de base a música percorre seus parciais harmônicos e inarmônicos ao longo do tempo. A espessura harmônica é realçada com a ressonância das regiões de formantes do som. A estruturação do fluxo temporal é essencialmente e, quase exclusivamente, realizada pela dimensão tímbrica.

---

22. Para uma análise detalhada de *Anahit*, ver Anderson, 1995, p. 25.

Exemplo 63
Trecho Final do *Quarteto de Cordas nº 4* de Scelsi

3. PROCESSO

Este capítulo se refere à idéia de processo em música, isto é, aos procedimentos de escritura que sensibilizam a mutação do som como o enfoque principal da composição. Nos processos, forças de transformação contínua alteram os estados sonoros estabelecidos, criando direcionalidade para o fluxo temporal. O capítulo também inclui uma análise mais detalhada sobre a Música Espectral e seus procedimentos de composição.

3.1. A Mutação do Som

A idéia, lançada por Varèse, de forma como resultado de um processo ganha força diante da crise da música serial durante a década de 1950. Os compositores Iannis Xenakis e o húngaro György Ligeti (1923-) formulam críticas contundentes às obras seriais, apontando a falta de relações hierárquicas no âmbito dos parâmetros simples dos sons como causa da homogeneização e do nivelamento da superfície sonora[1]. Xenakis aponta a série e a estruturação polifônica como os principais problemas da música serial: a série, por sua arbitrária subdivisão descontínua do espectro sonoro, e a polifonia linear, pela contradição entre sua excessiva complexidade e sua reduzida apreensibilidade. Xenakis questiona os compositores que trabalham, principalmente após as possibilidades técnicas trazidas pela música eletrônica, com notas que dividem descontinuamente o espectro sonoro em diferentes alturas. Xenakis propõe o *continuum* sonoro como relação de organização formal e temporal, dando ênfase a processos dinâmicos de variação e mutação do objeto sonoro no transcurso de suas obras[2]. Xenakis também critica a generalização do princípio serial ao cálculo combinatório das permutações de elementos, quando a apreensão de certos parâmetros musicais, como, por exemplo, modos de ataque e timbre, não é quantizável em uma escala contínua. Em relação à estruturação polifônica da música serial, a contradição, para Xenakis, acontece entre o sistema de agenciamento linear – uma dispersão irracional e fortuita de sons sobre o espectro sonoro, resultando em blocos estáticos – e o efeito macroscópico percebido – superfície, massa.

Como Varèse, Xenakis também utiliza conceitos emprestados da física, como os de campo – uma região do espaço sujeita a forças – e de densidade – quantidade de material simultâneo (vertical) ou sucessivo (horizontal) em uma determinada duração. Os

1. Sobre estas e as informações seguintes, ver principalmente I. Xenakis, "La crise de la musique sérielle", em Baltensperger, 1995, pp. 595-597; e Ligeti, 1960, pp. 5-17.
2. É importante ressaltar que a idéia de *continuum* também é desenvolvida por Boulez para definir, entre outras coisas, espaços e tempos lisos ou estriados, isto é, a qualidade contínua ou descontínua, respectivamente, dessas dimensões. A dialética entre contínuo e descontínuo passa ainda, segundo Boulez, pela noção de corte (Boulez, 1963, pp. 93-113).

campos de sons variam conforme as quantidades e direções das forças que atuam sobre freqüências, intensidades e durações. A duração, para Xenakis, é um fragmento de tempo produzido na alteração de estado da matéria. A passagem entre dois estados é determinada por um processo, uma ação continuada de transformação ou variação da matéria sonora em uma determinada distância espaciotemporal.

A sua própria maneira, mas muito próximo de Varèse, Xenakis pensa a composição musical por superfícies, planos, linhas retas e curvas, pontos, valores, massas, densidades e cores. Sua concepção de trabalho passa pela escolha de entidades sonoras e, posteriormente, pelo estabelecimento de forças de transformação contínua do material. As evoluções simultâneas e em diferentes direções das densidades, durações, registros, massas, velocidades e outros elementos, moldam suas formas musicais no tempo[3]. Suas principais obras escritas para orquestra durante a década de 1950 são *Metastaseis* (1954)[4], "transformações" em grego, e *Pithoprakta* (1956), "ação por probabilidade". Ambas são importantes exemplos da poética renovadora de Xenakis para a música do século XX, principalmente em relação à aplicação da idéia de *continuum*, tanto no espectro sonoro, com a utilização de glissandos de alturas, quanto nas intensidades, com extensos crescendos e decrescendos dinâmicos. A obra *Pithoprakta* marca, também, o interesse de Xenakis por novas possibilidades composicionais que trabalham com lógicas probabilísticas, principalmente com processos estocásticos e entrópicos.

Já Ligeti, opondo-se ao ato construtivo composicional dos serialistas que, segundo ele, vinha progressivamente acinzentando

---

3. Sobre as idéias de Xenakis a respeito do tempo, ver Xenakis, 1989, pp. 84-92.
4. Para uma análise mais detalhada sobre a obra *Metastaseis* de Xenakis, ver Baltensperger, 1995, pp. 237-341; e Lohner, 1987, pp. 28-42.

a superfície sonora com o nivelamento dos vários domínios sonoros segundo os mesmos critérios estruturais (Ligeti, 1960, pp. 5-17), volta suas principais preocupações para o efeito global de suas obras a partir da imediata relação da percepção com o timbre e com a forma sensível do som. Desse modo, segundo Ferraz[5]:

> Ligeti exterioriza a forma, fazendo com que as pequenas partículas sonoras concorram para construir uma *Gestalt* que traduza também a forma musical e determine uma certa taticidade do som, reconhecendo a sinestesia como ponto de entrada da percepção musical.

É interessante observarmos aqui como Ligeti explica sua experiência a respeito da relação entre a escuta e os outros sentidos[6]:

> A conversão involuntária de sensações óticas e táteis em acústicas é habitual para mim. Eu quase sempre associo sons com cor, forma e textura; e forma, cor e qualidade material com toda sensação acústica. Até conceitos abstratos, como quantidades, relações, conexões e processos, parecem-me tangíveis e têm seu lugar em um espaço imaginário.

Mas as idéias de Ligeti de associação entre sensações táteis e visuais na elaboração musical, com a utilização de termos como os de texturas, tramas e tecidos sonoros, estão longe de sugerir uma arte ilustrativa ou programática para o compositor (Ligeti, 1993, p. 165). Elas apenas manifestam um aspecto do caráter técnico e formal de seus processos composicionais.

Algumas das principais obras de Ligeti a partir da segunda metade da década de 1950 são a peça eletrônica *Glissandi* (1957),

---

5. Cf. Ferraz, 1998, p. 57 (grifos no original).
6. Cf. Ligeti, 1993, p. 165 (trad. do Autor). Sobre sinestesia na obra de Ligeti, ver Sabbe, 1987, pp. 84-88.

uma das primeiras realizações não-seriais do Estúdio de Colônia, e as peças para orquestra *Apparitions* (1958-1959) e *Atmosphères* (1961), esta última estreada no festival alemão de Donaueschingen[7].

Essas e outras peças das duas décadas seguintes, como *Volumina* (1961-1962) para órgão e *Continuum* (1968) para cravo, são exemplos importantes da elaboração musical a partir da idéia de um processo contínuo de transformação do material sonoro[8]. Em alguns movimentos de suas obras para música de câmara, como o Terceiro Movimento do *Quarteto de Cordas n.º 2* (1968) e o Terceiro Movimento do *Concerto de Câmara* (1970), Ligeti também trabalha com processos mecanicistas e de inércia dos impulsos e ataques do som, principalmente com técnicas de defasagem e sobreposição. Essa dupla orientação composicional de Ligeti, concomitantemente focada no trabalho de transformação textural contínua e nas operações mecânicas de defasagem de padrões regulares, sintetiza-se no título de sua obra *Clocks and Clouds* para coro feminino e orquestra de 1972-1973.

Assim como Xenakis, Ligeti também contribui para novas definições teóricas de parâmetros como os de velocidade, permeabilidade, densidade e distribuição e, principalmente, das noções de estados, eventos e transformações.

Para Ligeti, no processo de passagem do tempo, a transformação é irreversível, nenhum estado anterior retorna. Em *Apparitions*,

---

7. Para uma análise mais detalhada de *Apparitions*, ver o artigo do próprio compositor Ligeti, 1993, pp. 164-171; para uma análise de *Atmosphères*, ver Michel, 1995, pp. 213-221 e Ligeti, 1974.

8. Para uma análise mais aprofundada de obras como *Continuum*, além de alguns processos composicionais de Ligeti, tais como expansões e contrações do âmbito e das relações entre as partes, formas de ondas como estratégia formal, noção de interferências, manchas e borrões e defasagens, entre outras, ver Toop, 1990, pp. 61-96; para outras análises da obra *Continuum*, ver também Hicks, 1993, pp. 171-190 e Clendinning, 1993, pp. 192-234.

por exemplo, a forma musical corresponde ao processo de transformação a que a trama sonora está sujeita e origina-se de uma contínua relação recíproca entre estados e eventos (Ligeti, 1993, pp. 164-170). Os estados – texturas ou tecidos sonoros – são alterados a partir dos influxos dos eventos que irrompem subitamente. Os eventos se distinguem das texturas por características individualizantes e contrastantes de registro, densidade, timbre e intensidade. A ocorrência de um evento traz a força da diferença que é capaz de modificar a estrutura global. A transformação é irreversível, já que o processo cria um novo estado sonoro e só um diferente tipo de evento é capaz de alterá-lo novamente. Portanto, a mutação do som, isto é, a alteração súbita nas características de um determinado estado, só acontece com o surgimento de um novo evento. As transformações trazidas pelos eventos são herdadas pelos estados posteriores.

Em relação aos parâmetros de articulação composicional, Ligeti também conceitua novos termos, tais como: velocidade das transformações, densidade dos eventos, distribuição no registro, superfície das texturas e permeabilidade dos materiais.

O conceito de permeabilidade é definido por Ligeti como a sensibilidade de uma determinada estrutura harmônica perante as possibilidades de combinações intervalares (Ligeti, 1960, pp. 8-9). Uma estrutura harmônica de alta permeabilidade permite que intervalos estranhos não sejam percebidos como desvios do contexto, mas sejam assimilados por ele. Já nas estruturas harmônicas de baixa permeabilidade, encontradas, segundo Ligeti, nas obras do compositor italiano Giovanni Pierluigi da Palestrina (c.1525-1594), as possibilidades de combinações intervales são altamente definidas e fixadas, não permitindo qualquer ambigüidade nas relações. De forma mais ampla, a noção de permeabilidade equivale inversamente à resistência oferecida pelos materiais formantes de uma textura. Quanto menor a permeabilidade de uma dada textura sonora, maior resistência seus elementos internos apresentam a outros estranhos.

Já as texturas, segundo Ligeti (Ligeti, 1993, pp. 164-170), variam conforme a colocação no registro – os limites e o volume preenchido no espectro sonoro (equivalente ao conceito de massa para Schaeffer[9]) –, tipo – distribuição interna de seus elementos formantes; por exemplo: linhas, tramas ou blocos estacionários, imóveis mas flutuantes e movimentados –, densidade de seus entrelaçamentos – quantidade de eventos, tanto na dimensão vertical quanto na horizontal –, natureza de seus constituintes – timbre e modos de articulação das vozes individuais – e duração – dimensão temporal[10].

Nas obras de Ligeti, a violenta força de transformação dos eventos contrastantes, a utilização de cortes expressivos na direcionalidade, no registro, nas intensidades e no timbre, e as diferentes formas de relação entre seus objetos – justaposições, sobreposições, heterofonias – são os elementos de variação retórica que rompem com a uniformidade do decurso temporal. Em Ligeti, não encontramos os blocos sonoros de Stravinsky ou mesmo de Varèse. O *continuum* sonoro de Ligeti existe na transformação progressiva das texturas, mas o processo está sempre sujeito à variação inesperada, ao corte, à quebra de expectativa decorrente de certos fenômenos que modificam os estados que se sucedem. A técnica utilizada por Ligeti para a eficiência da variação ou do corte expressivo está na alteração substancial aplicada aos objetos sonoros nos seus valores em quantidade, número, intensidade ou grau.

---

9. Cf. Schaeffer, 1966, pp. 446-451.
10. Mais sobre a definição de parâmetros texturais e sua aplicação analítica na Peça n. 7 das *Dez Peças para Quinteto de Sopros* de Ligeti em Ferraz, 1990, pp. 68-79.

Com Ligeti, o som, o elemento material da música, transforma-se no objeto principal e central da composição. É na mutação do som, criando fenômenos complexos de massas sonoras que se movimentam continuamente, que Ligeti atua como um artista plástico modelando suas estruturas no tempo.

E esse enfoque na escuta do som que se transforma também se encontra no trabalho consciente de Ligeti na percepção e composição dos fenômenos físico-acústicos. Ligeti constrói uma de suas *Dez Peças para Quinteto de Sopros* (1968) sobre a idéia, já sugerida em Varèse (ex. 49), de sensibilização da escuta dos sons diferenciais simples[11]. Algumas das *Dez Peças para Quinteto de Sopros* (Edition Schott 6304) utilizam instrumentação reduzida, como, por exemplo, a Peça n. 9 (ex. 64, página seguinte), que é escrita para *piccolo*, oboé e clarinete. Com a clara intenção de privilegiar os instrumentos agudos para a obtenção de notas de altas freqüências e de dinâmica fortíssima, Ligeti compõe a Peça n. 9 a partir da progressiva inserção de uma série de nove notas contidas dentro de uma gama cromática de sexta menor ($c - a_b$). *Piccolo*, clarinete e oboé apresentam seqüencialmente toda a série (ex. 65, p. 134), que é construída a partir da nota inicial e_b, atacada alternadamente em *ff* pelos três instrumentos até o compasso 7. A entrada das outras notas da série, ao final do compasso 7, é feita a partir de um progressivo processo de abertura intervalar: 2m ascendente (*e*); 2M descendente (*d*); 3m ascendente (*f*) etc. A seqüência se interrompe após a entrada da nota g_b, quando a nota que viria a seguir (*c*) é antecipada pela nota *g* e oitavada em uma preparação para a aparição da última nota da série, o a_b.

---

11. Para uma análise mais completa de todas as *Dez Peças para Quinteto de Sopros* de Ligeti, ver Morrison, 1985, pp. 158-182.

Exemplo 64

Peça n. 9 das *Dez Peças para Quinteto de Sopros* de Ligeti

Exemplo 65

Série de Nove Notas da Peça n. 9 das *Dez Peças para Quinteto de Sopros* de Ligeti

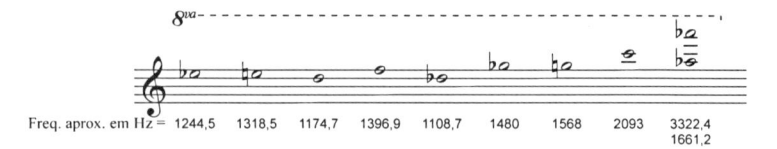

Freq. aprox. em Hz = 1244,5   1318,5   1174,7   1396,9   1108,7   1480   1568   2093   3322,4
                                                                                      1661,2

Exemplo 66

Sons Diferenciais Simples (Notas Pretas) Resultantes dos Intervalos Harmônicos (Notas Brancas) Tocados nos Seguintes Compassos da Peça n. 9 das *Dez Peças Para Quinteto de Sopros*

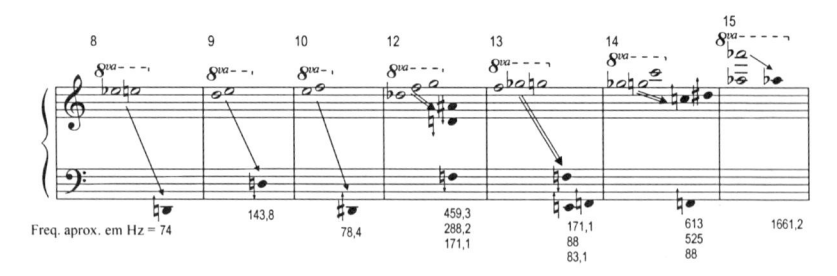

A partir do compasso 8, da Peça n. 9 das *Dez Peças para Quinteto de Sopros*, alguns intervalos harmônicos começam a aparecer devido à defasagem das entradas de cada nova nota da série. Dessa maneira, Ligeti sobrepõe pelo menos duas notas de freqüências distintas (ex. 65) tocadas em *ff* e, conseqüentemente, sons diferenciais simples resultantes aparecem. O efeito acústico é o de uma contínua saturação espectral. Como podemos ver no exemplo 66, a partir do compasso 8 até o final da peça, tanto as notas tocadas pelos três instrumentos quanto as freqüências resultantes dos sons diferenciais proporcionam um efeito conseqüente da escritura musical consciente de Ligeti, que utiliza o fenômeno acústico dos sons de combinação como um evento capaz de alterar profundamente o estado sonoro dominante até então na peça, criando objetos sonoros de constituição espectral muito complexa.

3.2. As Texturas e Micropolifonias de Ligeti

A predominância da textura em Ligeti é o resultado da submissão de suas figuras rítmicas e melódicas à trama polifônica, ao tecido sonoro cerrado. As figuras tornam-se neutras, perdendo sua individualidade dentro de um complexo mais homogêneo: a textura.

O método utilizado por Ligeti no entretecimento de linhas horizontais individuais em uma trama sonora mais complexa é, exatamente, a micropolifonia. Em *Atmosphères*, por exemplo, Ligeti trabalha com as flutuações internas dos coloridos das massas sonoras[12] por meio da precisão na combinação das 88 partes individuais, inclusive com uma técnica de *divisi* das cordas muito elaborada. A partir das obras orquestrais *Lontano* (1967)[13], passando por *Melodien* (1971) e *San Francisco Polyphony* (1973-1974), Ligeti inicia um movimento progressivo de individualização e independência das partes que antes ficavam submersas e restritas à criação da combinação complexa da massa sonora, revelando, assim, algumas tramas de linhas melódicas que identificam perfis figurais simultâneos às texturas predominantes.

12. Sobre o processo de transformação de cores sonoras em *Atmosphères* e sua relação com *Farben*, a terceira peça do op. 16 de Schoenberg, ver depoimento de Ligeti em Ligeti, 1974, p. 111.

13. Para uma análise detalhada das transformações de coloração e densidade na obra *Lontano* de Ligeti, ver Reiprich, 1978, pp. 167-180 e Ligeti, 1974.

A peça *Lux aeterna* (1966) para coro misto é um excelente exemplo da escritura musical de Ligeti, pois apresenta desde as flutuações internas das texturas pela técnica das micropolifonias até as transformações contínuas do material e os cortes expressivos realizados no discurso. Vejamos como isso aparece em uma análise mais detalhada da obra.

Lux aeterna (Litolff/Peters 5934) foi composta um ano após Ligeti haver terminado seu *Requiem* (1963-1965) e evidencia o distanciamento do compositor da harmonia de *clusters* das obras anteriores, em direção à utilização de entidades harmônicas e intervalos mais definidos[14]. O texto de *Lux aeterna* é proveniente de um trecho da missa latina para os mortos, embora seja pouco compreendido ao longo da peça devido ao andamento lento e à sobreposição das vozes. *Lux aeterna* é estruturada a partir da divisão do coro misto de dezesseis vozes em quatro grupos – sopranos, contraltos, tenores e baixos – com quatro vozes cada um. A peça inicia com as oito vozes femininas partindo da nota *f* e gradativamente se espalhando para as notas vizinhas, conforme mostra o esquema harmônico do exemplo 67[15].

Exemplo 67
Esquema Harmônico de *Lux aeterna* (início até comp. 36)

O procedimento utilizado por Ligeti no trecho do início até o compasso 36, final da cifra A, é o da imitação melódica das vozes,

---

14. Sobre o assunto, ver depoimento de Ligeti em Michel, 1995, p. 181.
15. Neste e nos outros exemplos referentes à análise de *Lux aeterna*, as notas em preto indicam o resultado harmônico da sobreposição das linhas melódicas (notas brancas).

como em um cânon. Durante esse segmento, Ligeti apresenta sete fragmentos melódicos de quatro notas cada, que são cantados pelas vozes femininas em defasagem e com durações diferentes (ex. 68), todos com o mesmo texto: *Lux aeterna*. A técnica de Ligeti, conhecida como micropolifonia, organiza as entradas e durações das notas de cada voz a fim de que, durante um determinado período de tempo, um aglomerado harmônico específico seja ouvido com uma constante movimentação interna. A textura, isto é, a superfície da massa sonora, é o resultado da trama polifônica das microlinhas. A harmonia conseqüente desse processo inicial pode ser vista no exemplo 67.

Na cifra A, compasso 24, a entrada da nota a_4 no tenor, reforçada em uma das vozes no contralto e oitavada em uma das vozes no soprano, é um novo evento que inicia a transformação do estado textural preponderante até então. A nota *a* vai sendo gradativamente cantada por todas as vozes, em um processo de contração intervalar ao uníssono. A textura inicial vai sumindo, sobrando apenas a oitava de *a* ao final da cifra A (ex. 68). O texto cantado também se modifica: *luceat eis.*

Exemplo 68
Esquema de Imitações (até comp. 36 – início até cifra A)

A partir do compasso 37, cifra B, um acorde de três notas aparece em *falsetto* nos baixos, que cantam o texto: *Domine* (ex. 69). Esse acorde é constituído por uma sobreposição de 3m e 2M ($f^{\#}$ - a - b). Essa estrutura harmônica vai reaparecer mais adiante nas cifras E, G e I. Ainda no compasso 37, pode-se perceber que a nota a cantada no tenor 2 é prolongada, funcionando como um importante elemento de conexão entre as seções.

Exemplo 69
Acorde nos Baixos em *Falsetto* (comps. 37 a 41 – cifra B)

A partir do compasso 39, cifras C e D, Ligeti tece uma construção semelhante à textura inicial da obra, só que agora o trecho é feito com as micropolifonias nas vozes masculinas e com um novo segmento de texto: *cum sanctis tuis in aeternum quia pius es.* Os exemplos 70 e 71 (página seguinte) mostram os fragmentos melódicos cantados inicialmente pelos tenores e posteriormente também pelos baixos. A técnica utilizada é a mesma mencionada anteriormente, isto é, as vozes são cantadas em imitações defasadas e com durações distintas. Após uma entrada conjunta dos tenores no compasso 39, os fragmentos melódicos 1 e 2 do exemplo 70 são apresentados. No compasso 46, quando os tenores já iniciaram a apresentação do fragmento 1 do exemplo 71, os baixos entram simultaneamente com o mesmo fragmento. A cifra D prossegue com as imitações em todas as vozes masculinas, destacando-se o gradativo aumento das durações das notas e o conseqüente processo de espaçamento das articulações do texto em cada voz.

Exemplo 70

Esquema Harmônico e Melódico (a partir do comp. 41 – cifra C)

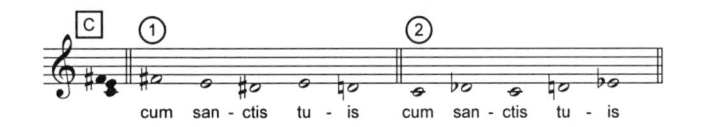

Exemplo 71

Esquema Harmônico e Melódico (a partir do comp. 47 – cifra D)

Na cifra E, a partir do compasso 61, a entrada de um novo evento rearticula os elementos constituintes do estado sonoro predominante nas cifras C e D. A transformação da superfície textural do trecho é provocada pela aparição de duas camadas que se sobrepõem ao segmento anterior, que permanece nos tenores. Um desses blocos sonoros é cantado pelos baixos (ex. 72, página seguinte), que apresentam dois novos segmentos melódicos, não mais em *falsetto*, mas ainda com um trecho do texto da seção anterior: *quia pius es*. A outra camada é cantada pelas vozes femininas, que passam a ocupar uma região mais aguda do espectro das alturas e apresentam um novo segmento de texto: *Requiem aeternam dona eis*. Enquanto os sopranos realizam três pequenos fragmentos melódicos (ex. 72), os contraltos se alternam mantendo um acorde fixo de g - b_b - c, exatamente a mesma estrutura harmônica de 3m e 2M sobrepostas já apresentada anteriormente nos baixos (cifra B). No final da cifra E, as vozes femininas desaparecem gradativamente enquanto as vozes masculinas estacionam na nota *f*. A partir da cifra F, Ligeti desloca em um semitom descendente a nota *f* polarizada anteriormente para um *e*. Os baixos desaparecem momentaneamente para retornarem em G fazendo uma transposição do acorde já apresentado de 3m e 2M sobrepostas: *e* - *g* - *a*, que se modifica cromaticamente em uma tríade de ré sustenido menor (ex. 73).

Exemplo 72
Esquema Harmônico e Melódico (a partir do comp. 61 – cifra E)

Exemplo 73
Esquema Harmônico e Melódico (a partir do comp. 80 – cifras F e G)

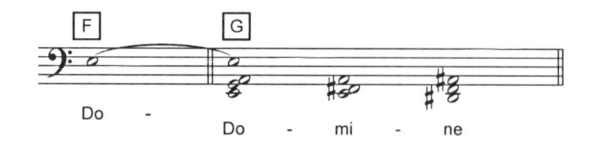

A partir do compasso 90, cifra H, os contraltos se sobrepõem ao acorde de ré sustenido menor cantado pelos baixos com uma última textura de micropolifonias. O exemplo 74 (página seguinte)

mostra o segmento melódico feito em H, com mais um novo segmento de texto: *et lux perpetua*. No compasso 94, cifra I, tenores e sopranos entram repentinamente cantando elementos harmônicos já ouvidos ao longo da peça e com o novo trecho do texto: *luceat*. Ambos os grupos iniciam formando um intervalo de oitava na nota *b* (ex. 75, página seguinte) e gradativamente realizam movimentos internos de suas vozes até a formação da entidade harmônica de sobreposição de 3m e 2M (o acorde de $f^{\#}$ - *a* - *b*). Enquanto isso, os contraltos continuam com as texturas de micropolifonias a partir de novos fragmentos melódicos e com o trecho final do texto: *luceat eis* (ex. 75). A partir da cifra J, compasso 101, sopranos e tenores desaparecem e os baixos retornam com a nota *b* e um pedal grave na nota d_2. A entrada dos sopranos em K, compasso 110, cantando a nota *c*, causa o desaparecimento do *b* e do pedal grave em d_2 dos baixos e do próprio *c* dos sopranos. Além disso, os contraltos interrompem as flutuações melódicas da textura micropolifônica em um gradativo congelamento das notas f_3 e g_3 que encerram a peça.

Exemplo 74

Esquema Harmônico e Melódico (a partir do comp. 90 – cifra H)

Exemplo 75
Esquema Harmônico e Melódico
(do comp. 90 até o fim – cifra I até K)

Já em um outro exemplo da aplicação de micropolifonias e texturas flutuantes, o Primeiro Movimento do *Concerto de Câmara* (1970) para treze instrumentistas, escrito para o grupo vienense *Die Reihe*, Ligeti utiliza um engenhoso mecanismo de construção canônica partindo de uma série de quarenta notas (ex. 76, página seguinte) inseridas no âmbito de uma terça maior (g_{b4} - b_{b4}). É interessante notar que Ligeti utiliza a repetição de pequenos fragmentos melódicos de mais de três notas ao longo da série. Por exemplo: notas 5 a 8 (g - b_b - a_b - a) repetidas em 28 a 31; e notas 17 a 21 (b_b - g_b - a_b - g - g_b) repetidas em 34 a 38. Essas recorrências proporcionam à permutação intensiva das notas escolhidas por Ligeti uma certa sensação de afinidade. Apesar da variação constante, alguma unidade motívica permanece ao longo de toda a série. Porém, é importante notar que esse processo é diferente da forma dinâmica de Adorno, já que a série é irredutível a um elemento motívico inicial. A permutação atua intensivamente sobre as notas contidas dentro dos limites impostos de registro da série, não caracterizando uma transformação linear de elementos germinadores. São as qualidades das texturas que se transformam e fazem o tempo passar. As figuras estão submersas no tecido sonoro.

Exemplo 76
Série de Quarenta Notas no Início do Primeiro Movimento
do *Concerto de Câmara* de Ligeti

A peça se inicia com a sobreposição da mesma série em quatro linhas melódicas simultâneas. A linha do clarinete baixo começa a partir da nota 1 da série (*a*). Já a linha feita conjuntamente por violoncelo e contrabaixo começa a partir da nota 2 da série (a_b). As outras duas linhas são feitas por flauta e clarinete e começam, respectivamente, pelas notas 3 e 4 da série (g_b e b_b). A diferença entre as notas de início de cada linha é apenas relevante para evitar um uníssono no primeiro ataque. Embora utilizem a mesma série de notas, cada linha tem ritmos totalmente independentes. Há, nesse início da peça, uma organização por sobreposição de estruturas de aspecto muito semelhante às vistas nas definições dadas para as heterofonias: a mesma estrutura sobreposta com aspecto mudado, isto é, "uma distribuição estrutural de alturas idênticas, diferenciadas por coordenadas temporais divergentes" (Boulez, 1963, p. 140). A complementaridade das linhas melódicas individuais e sua conseqüente fusão na superfície textural flutuante é uma das características principais dos processos composicionais de Ligeti. Os elementos constituintes da trama polifônica abdicam de sua individualidade e se dissolvem no tecido sonoro complexo, que varia segundo seu registro, sua densidade e o tipo de formantes que o compõem. No Primeiro Movimento do *Concerto de Câmara*, o *cluster* de g_{b4} - b_{b4} permanece fixo durante os primeiros 10 compassos, porém a sobreposição das diversas séries no original, juntamente com outras aparições do retrógrado da série mais adiante (conferir, por exemplo: trompa, compasso 4, iniciando linha melódica a partir da nota 40 – b_b; oboé e clarinete baixo, compasso 5, também iniciando a partir da nota 40) e a diferenciação na instrumentação das linhas, pela separação entre os grupos das madeiras, das cordas e da celesta, provocam a transformação contínua do material harmônico estático, em uma sensação de que a textura sonora está sempre em movimento, vibração. Além disso, a construção polifônica decorrente da condução das linhas horizontais individuais produz, em alguns momentos, a ausência de determinadas notas e, eventualmente, a dobradura de outras. Surgem, então, pequenas fissuras e aglutinações na densidade interna do bloco harmônico, que produzem constantes mudanças na cor do tecido sonoro.

Conforme mostra o esquema harmônico do exemplo 77 (p. 146), a partir do compasso 11, Ligeti subtrai da série a nota g_b. Dessa forma, o *cluster* se reduz a uma terça menor (g - b_b) nos compassos 11 a 13. Ligeti inicia, então, uma inserção gradativa de notas cromáticas ascendentes. O processo se inicia com a entrada da nota b emitida pela trompa e pelo violoncelo no compasso 14, cifra C. A nota b implanta-se na série, substituindo o lugar em que apareciam as notas g_b. Ligeti prossegue a transformação harmônica inserindo na série a nota c feita pela viola no compasso 16 e retirando a nota a_b

no compasso 18, cifra D. A partir do compasso 20, cifra E, a série de notas se transfere para as *cadenzas* feitas por cravo, piano, violinos, flauta, clarinete, clarinete baixo, viola e violoncelo. No compasso 24, Ligeti filtra o *cluster* harmônico da seção anterior e deixa nas linhas melódicas apenas as notas diatônicas g - a - b_b - c. No compasso 25, cifra G, essas mesmas quatro notas aparecem sustentadas por flauta, clarinete, trompa e contrabaixo, enquanto a camada da seção anterior vai desaparecendo gradativamente. Durante a cifra H, Ligeti reinsere a nota a_b, retira as notas a e b e introduz as notas d e d_b. Na cifra I, no compasso 30, Ligeti retorna com o *cluster* harmônico, agora em um âmbito de quinta justa (g - d). Nos momentos em que a transformação harmônica se paralisa, Ligeti mantém as micropolifonias como meio de flutuação da massa sonora e altera o timbre por meio de mudanças na instrumentação, articulação, velocidade dos eventos e dinâmica. No caso do *cluster* de quinta justa no compasso 30, por exemplo, a passagem progressiva das cordas para *sul ponticello* evidencia a importância atribuída por Ligeti à transformação constante e direcional dos objetos sonoros. Porém, esse congelamento de parâmetros, como o da estrutura harmônica de *cluster* citada no compasso 30, é sempre provisório em Ligeti. Desde o início do compasso 31, cifra J, Ligeti introduz um processo de filtragem do material harmônico do *cluster* a partir da nota mais grave (g) em direção ao trinado de $c^\#$ - d suspenso na *fermata* que encerra a cifra L, compasso 37. A tensão é resolvida de forma surpreendente por Ligeti. Seu plano de apresentação cromática das doze notas continua, já que a próxima nota da série cromática que havia sido iniciada com o g_b, a nota e_b, aparece justamente no compasso 38, cifra M. A inesperada solução de Ligeti para a passagem é o corte súbito e a introdução da nota e_b espalhada em seis oitavas da tessitura do grupo de instrumentos (ex. 77).

Exemplo 77

Esquema Harmônico do Primeiro Movimento
do *Concerto de Câmara* de Ligeti

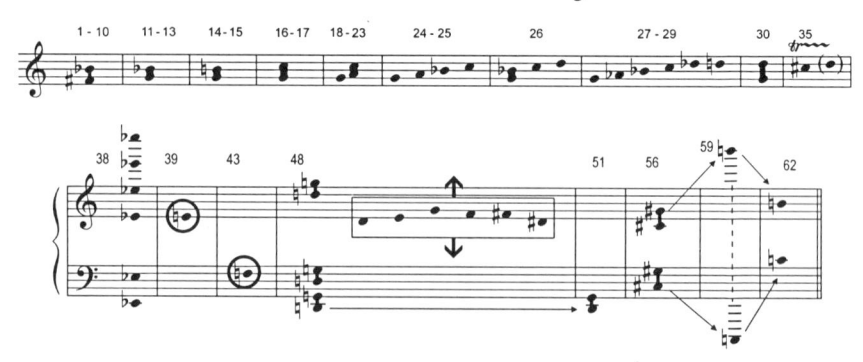

A partir da cifra N, Ligeti completa a introdução das doze notas cromáticas com a apresentação no órgão da nota *e*, compasso 39, e da nota *f*, compasso 43. À seção de notas longas iniciadas a partir da cifra M junta-se o retorno das articulações ligeiras sobrepostas na seção da cifra O. A partir do compasso 48 Ligeti redefine seu material harmônico. Um novo *cluster* de quarta justa entre as notas *d* - *g* se fixa. O trecho apresenta esse material harmônico simultaneamente em notas longas e estáticas e em notas curtas e mais agitadas. Após um novo corte no compasso 51, cifra Q, apenas a quarta justa da região grave permanece sendo tocada por clarinete baixo e violoncelo (ex. 77). A partir da cifra S, compasso 56, Ligeti reapresenta o *cluster* de quinta justa, só que aqui entre as notas $c^\#$ e $g^\#$. O trecho final, cifra S, termina com um *tutti* frenético que recobre toda a ampla tessitura de um c_1 até um b_6. No último compasso, esse mesmo intervalo de 7M que limitava o trecho anterior reaparece restrito à oitava central (c_4 - b_4) e é tocado por flauta e clarinete com dobras no violoncelo e no contrabaixo respectivamente.

146

3.3. MÚSICA ESPECTRAL

O termo Música Espectral aparece pela primeira vez em um artigo de 1979 do compositor Hugues Dufourt (1943-)[16]. Cunhado inicialmente como definição dos então novos procedimentos composicionais do grupo de compositores do *Ensemble Itinéraire* – Gérard Grisey (1946-1998), Tristan Murail (1947-), Michael Levinas (1949-) e do próprio Dufourt – o termo significa atualmente tanto a escola dos compositores citados quanto uma nova categoria musical: o espectralismo.

A Música Espectral surge primeiramente com Grisey e Murail por volta da primeira metade da década de 1970 na França. Após a graduação pelo Conservatório Nacional de Paris e uma estada de dois anos na Villa Médicis, em Roma, onde conhecem a música de Scelsi, Grisey e Murail retornam a Paris influenciados pelas idéias do compositor italiano. Insatisfeitos com os rumos ainda seriais de boa parte dos compositores europeus e também influenciados pelos trabalhos de improvisação do *Ensemble Itinéraire*, pelos trabalhos de Ligeti e, principalmente, pela obra *Stimmung* (1968), para seis vozes, do compositor alemão Karlheinz Stockhausen (1928-), ambos iniciam um mergulho intensivo nas pesquisas com as estruturas internas do som. Com as novas técnicas de escritura e síntese instrumental, o uso de procedimentos análogos aos utilizados na música eletrônica, e com o desenvolvimento de novos processos de trabalho, a escola de composição que se formou ao redor de Grisey, Murail e de suas obras torna-se uma das mais conhecidas da música contemporânea. Algumas das principais obras compostas por ambos a partir de 1970 são: Grisey – o ciclo

---

16. Cf. H. Dufourt, "Musique spectrale", em *Conséquences*, Paris, Association Conséquences, 1979.

de obras *Les Espaces acoustiques*, do qual fazem parte *Périodes* (1974) para sete instrumentistas, *Partiels* (1975) para seis ou dezoito instrumentistas e *Modulations* (1976-1977) para trinta e três instrumentistas, além de outras obras posteriores, como *Tempus ex machina* (1979) para seis percussionistas e *Vortex Temporum* (1994-1995) para seis instrumentos; Murail – *Mémoire-Erosion* (1976) para trompa e nove instrumentistas, *Territoires de l'oubli* (1977) para piano solo, *Ethers* (1978) para flauta e seis instrumentos, *Gondwana* (1980) para orquestra e *Désintégrations* (1983) para grupo instrumental e fita magnética.

O itinerário dos procedimentos composicionais da Música Espectral, conforme o sumário da conferência proferida por Murail no IRCAM[17] (Institut de Recherche et Coordination Acoustique/Musique) em abril de 1985[18], pode ser estabelecido a partir das experiências iniciais com o espectro sonoro e a série harmônica como material de base (Grisey: *Périodes* e *Partiels*; Murail: *Sables* (1974), para orquestra)[19]. A seguir, a utilização de procedimentos padrões da música eletrônica, como a modulação em anel [*ring modulation*] (Murail: *Les Courants de l'Espace* (1979), para ondas martenot e pequena orquestra), sistematização do uso de freqüência modulada como modelo espectral (Murail: *Gondwana*)[20] e cálculo de freqüência fundamental de agregados sonoros. Finalmente, o trabalho com a formalização e utilização do

17. Organização ligada ao Centre Pompidou de Paris e voltada para pesquisas nas áreas de música e tecnologia.
18. Conferir sobre essas informações Humbertclaude, 1999, p. 61.
19. Ver análise harmônica de *Partiels* e *Modulations* de Grisey em Rose, 1996.
20. Ver análise do início de *Gondwana*, especificamente da construção harmônica por meio do cálculo de modulação em freqüência, feita pelo próprio compositor em Murail, 1992, pp. 67-68. Ver também Rose, 1996, pp. 30-36.

computador para a generalização da idéia espectral, pelo uso de funções para definir valores de notas, freqüências e espectros não-lineares, e para a resolução dos complexos cálculos da síntese eletrônica e instrumental.

As principais idéias de escritura composicional utilizadas pelos espectralistas podem ser resumidas assim:

- a fusão e a fissão sonora – já encontradas desde Varèse; são processos de aproximação ou separação dos elementos sonoros constituintes de um objeto complexo; no caso da fusão, notas ou objetos sonoros diferentes aglutinam-se de forma a construir um objeto mais complexo; já na fissão, o afastamento dos componentes é provocado por suas excessivas características de individualização, que não permitem um agrupamento dos elementos e, dessa forma, provocam a cisão.

- síntese aditiva e subtrativa – a partir do Teorema do francês Jean Baptiste Fourier (1768-1830), que afirma que qualquer som pode ser decomposto em um determinado número de senóides, o mais simples e elementar componente do som, a síntese aditiva parte do pressuposto de que esse mesmo som pode ser reconstruído a partir da fusão de todas as suas ondas senoidais constituintes. A síntese subtrativa, ao contrário, parte do pressuposto de que pela filtragem de um ruído colorido ou branco chega-se ao som desejado.

- síntese instrumental[21] – reconstrução de qualquer tipo de som a partir de seus dados espectrais, partindo do conceito de síntese aditiva e utilizando a escritura instrumental para

21. Mais informações sobre o conceito de síntese instrumental, ver Grisey, 1991.

sua realização. Na síntese instrumental, os instrumentos musicais exprimem cada componente do som. O resultado esperado do processo nunca é o modelo original, mas uma estrutura complexa inspirada nele. Os sons resultantes do processo mantêm uma qualidade do som original, mas ao mesmo tempo possuem uma maior e mais variada riqueza tímbrica, já que os espectros de cada instrumento contribuem individual e coletivamente para a combinação colorística final.

- micro e macrofonia[22] – síntese instrumental realizada com um pequeno grupo de instrumentos (microfonia) ou com um grande grupo orquestral (macrofonia).

- bio e tecnomorfismo – técnica de simulação dos aspectos espectrais de sons provenientes da natureza (biomórficos) ou sintetizados em estúdio a partir de aparelhos eletrônicos (tecnomórficos)[23].

- anamorfose sonora – o processo de distorção de um objeto sonoro de várias maneiras; a anamorfose sonora é baseada na técnica da pintura renascentista, que apresentava um objeto sob diferentes perspectivas.

- processo – como já definido em Ligeti e Xenakis, a ação na transformação contínua de um estado em outro.

- *continuum* – série de elementos em uma determinada seqüência, em que cada um difere minimamente do elemento subseqüente, em uma extensão durativa não dividida.

---

22. Mais sobre os termos em Grisey, 1991, pp. 363-368; e Rose, 1996, pp. 11-15.
23. Mais sobre a idéia de bio e tecnomorfismo, inclusive com uma análise detalhada desses conceitos aplicados aos materiais provenientes do trombone e da modulação em anel em *Partiels* de Grisey, ver Wilson, 1989. pp. 55-81.

• interpolação – estágio intermediário de passos direcionais e contínuos, que é introduzido na transformação gradual de um estado a outro.

Dentre os vários procedimentos técnicos da Música Espectral, diversos inclusive provenientes da música eletrônica, os mais importantes são[24]:

• relação nota-freqüência – vinculação de uma nota musical a uma freqüência em Hertz. Ex.: nota a_4 = 440 Hz no sistema temperado ocidental.

• microtons – intervalos menores que o semitom usados para aproximar as notas musicais de freqüências que não se encaixam no sistema temperado ocidental.

• parcial – cada uma das freqüências que constitui um espectro sonoro. Também utiliza-se o termo "componente".

• espectros harmônicos e inarmônicos – constituem-se de uma série de parciais cujas freqüências são múltiplos de números inteiros ou fracionários, respectivamente, da freqüência fundamental. As séries harmônicas[25] estão associadas à nossa percepção de altura definida – vibrações periódicas ou quase-periódicas –, as séries inarmônicas, à de altura indefinida – vibrações aperiódicas. Dentre os exemplos de sons com espectros inarmônicos temos: os ruídos coloridos, obtidos com a filtragem de uma determinada região do ruído branco; os multifônicos e os sons de sinos, resultado de múltiplos espectros harmônicos sobrepostos; e outros tipos de sons comple-

---

24. Ver mais sobre o assunto em Murail, 1992; Grisey, 1991; Fineberg, 1999; Rose, 1996; Chowning, 1996 e Cornicello, 2000.
25. Ver esquema de notas da série harmônica no exemplo 42 deste livro.

xos, como os obtidos com a alteração dos parciais de uma série harmônica, causando uma fissão espectral que interfere na percepção de um som de altura definida.

- formantes[26] – na vibração de um corpo sonoro, em conseqüência de seu volume, formato e material, certas faixas de freqüência são destacadas ou atenuadas. No caso de um instrumento musical, por exemplo, sua construção determina o realce ou mascaramento de regiões específicas do espectro – formantes –, independentemente da nota que esteja sendo tocada. Nesse contexto, as regiões formânticas fixas de um instrumento influem na nossa percepção da identidade da fonte sonora, mesmo que o instrumento esteja tocando suas notas mais graves ou mais agudas[27].

- distorção espectral – compressão ou estiramento de uma série harmônica com o objetivo de criar sons complexos para fins composicionais. Quanto maior o fator de desvio entre os parciais da série, maior sua saturação espectral.

- filtros espectrais – reforçam ou atenuam uma seleção de faixas ou bandas freqüenciais de um determinado som, podendo inclusive atuar dinamicamente, criando o efeito de um *phaser*. Os tipos de filtro basicamente são de: passa-altos [*highpass*], passa-baixos [*lowpass*], passa-bandas [*bandpass*] e corta-bandas [*bandreject*].

- envelopes espectrais – ao longo do tempo de duração de um som, as amplitudes de suas freqüências têm um comportamento dinâmico. Essas mudanças podem ser descritas com

---

26. Uma importante referência no trabalho composicional com formantes utilizando a voz é a obra *Stimmung* de Stockhausen.
27. Mais sobre o assunto, ver também Schaeffer, 1966, pp. 216-243.

auxílio de um modelo abstrato, o envelope, que apresenta: um tempo de ataque do som – porção do envelope em que a amplitude está crescendo –, um tempo de queda – porção do envelope em que a energia do ataque está decrescendo –, um tempo de sustentação – porção do envelope em que os níveis de amplitude estão mais estáveis – e um tempo de prolongamento da duração final – porção do envelope em que a amplitude está decrescendo até sumir.

- transientes de ataque – aspecto instável e transitório das freqüências que aparecem na produção física de um som, como, por exemplo, na raspagem do arco sobre as cordas. Os transientes ou transitórios, presentes no início de um som, no ataque, são importantes para a determinação do timbre em diversas circunstâncias, principalmente no caso de sons de curta ou média duração[28].

- modulação de amplitude – um tipo de efeito familiar em música, conhecido também como *vibrato* de amplitude, muito utilizado pelos flautistas. Na modulação de amplitude [AM – *amplitude modulation*], a sobreposição de uma onda moduladora, um sinal de baixa freqüência, geralmente abaixo do nível humano de audibilidade (20 Hz)[29], a uma onda portadora, um sinal de alta freqüência, altera o envelope dinâmico desta a partir da oscilação daquela.

- modulação de freqüência[30] – tipo de efeito também conhecido como *vibrato* de altura, muito usado pelos violinistas. Na modulação de freqüência [FM – *frequency modulation*], uma

28. Ver também Schaeffer, 1966, pp. 216-231.
29. Também conhecidos como sinais de LFO [*Low-Frequency Oscillator*].
30. Mais sobre o assunto ver Chowning, 1996.

senóide atua como onda portadora e é modulada por um sinal acima de 20 Hz, uma freqüência modulante. Esse tipo de
modulação cria bandas laterais de freqüências a partir da onda
portadora, de ambos os lados e simetricamente distantes, com
os valores iguais à soma e a diferença a partir do valor da
freqüência modulante (sons de combinação). Por exemplo,
dado que M (modulante) é igual a 200 Hz, e P (portadora) é
igual a 1.000 Hz, em um processo FM teremos como resultado: a própria portadora (P) de 1.000 Hz, mais bandas de 1.200
Hz (P + M) e 800 Hz (P – M). O processo da modulação de
freqüência foi analisado e codificado por John Chowning e
posteriormente utilizado pela Yamaha em seus sintetizadores
da série DX. Em um processo de modulação de freqüência,
um espectro mais complexo pode ser obtido por meio da
multiplicação da freqüência modulante por um índice de modulação (I). O processo pode ser resumido na fórmula FM =
[P +/– (I × M)]. Por exemplo, dados os valores de M = 200
Hz, P = 1.000 Hz e I = 3, teremos como resultado de um processo FM: a própria portadora (P) de 1.000 Hz, mais a banda
de [1.000 + (1 × 200)] = 1.200 Hz, a banda de [1.000 – (1 ×
200)] = 800 Hz, a banda de [1.000 + (2 × 200)] = 1.400 Hz, a
banda de [1.000 – (2 × 200)] = 600 Hz, a banda de [1.000 +
(3 × 200)] = 1.600 Hz e, finalmente, a banda de [1.000 – (3 ×
200)] = 400 Hz. O nível de intensidade de cada uma das freqüências resultantes depende de uma lei precisa obtida por
meio da função de Bessel.

• modulação em anel[31] – originalmente utilizada como um tratamento eletroacústico analógico, a modulação em anel [RM

---

31. A aplicação composicional da idéia de modulação em anel (RM) pode ser percebida na

– *ring modulation*] modifica um determinado sinal captura-
do por um microfone por um sinal modulante proveniente
de um gerador de senóides[32]. A principal diferença entre a
RM e a FM é que na RM, ambos os sinais, tanto a freqüência
modulante como a portadora, são modulados um pelo outro, não havendo de fato, então, nenhuma relação hierárqui-
ca entre modulante e portadora, podendo-se falar apenas em
duas freqüências que são moduladas simultaneamente uma
pela outra. Outro dado importante é que, em sons compostos, isto é, aqueles com uma série de vários parciais e, portanto, com mais de uma freqüência, os resultados obtidos
com a RM são calculados a partir de cada uma das freqüências envolvidas no processo. Nesse caso, teríamos uma série
de valores para F^n, em que n é igual ao número do parcial, e
cada um deles sofreria o processo de soma e subtração. O
cálculo da RM é obtido com a fórmula $RM = F1^n +/- F2^n$.
Por exemplo, dados os valores de um primeiro som composto F1 com dois parciais (a = 440 Hz e 2a = 880 Hz) e um
segundo som composto F2 com três parciais (b = 80 Hz, 2b
= 160 Hz e 3b = 240 Hz), teremos como resultado de um
processo de RM as freqüências: 520 Hz (a + b), 600 Hz (a +
2b), 680 Hz (a + 3b), 360 Hz (a – b), 280 Hz (a – 2b), 200 Hz
(a – 3b), 960 Hz (2a + b), 1.040 Hz (2a + 2b), 1.120 Hz (2a +

partitura de *Partiels* (Ricordi 132423) de Grisey, início da cifra 24. Nesse trecho, as notas emitidas pelas flautas sofrem um processo de soma e diferença de suas freqüências
que resulta nos sons emitidos pelas cordas logo a seguir. Outros exemplos na mesma
peça do processo de RM na definição da harmonia são explicados em Rose, 1996, pp.
20-29.

32. Conferir a utilização do modulador em anel, por exemplo, na obra *Mantra* (1970), para dois
pianos e instrumentos eletrônicos, de Stockhausen.

3b), 800 Hz (2a − b), 720 Hz (2a − 2b) e 640 Hz (2a − 3b). Como o número de freqüências resultantes é muito grande, a RM tem uma tendência a logo saturar o espectro, gerando rapidamente ruído.

- cálculo de freqüência fundamental – utilizado para determinar a harmonicidade ou inarmonicidade de um complexo de sons, partindo da posição estimada de sua nota fundamental. Observadas as restrições de posicionamento dos acordes em um registro agudo para o cálculo, as fundamentais obtidas que se localizam em uma região próxima ao acorde indicam menos tensão, e vice-versa. O método utilizado para a estimativa de fundamental é o cálculo das séries harmônicas que mais contêm notas próximas do acorde analisado.

Já as relações espectro-timbre e harmonia-timbre[33] ocorrem a partir das idéias de fusão e fissão de espectros harmônicos e inarmônicos. Pelo grau de distorção de um determinado complexo de freqüências, pode-se obter desde sons harmônicos de altura definida com um timbre característico até aglomerados inarmônicos que fundem a percepção das alturas com cores tímbricas. Como afirma Murail (Murail, 1992, p. 63):

> Os espectros têm propriedades que nos dão idéias para harmonia. Eles nos permitem também fabricar aglomerados que não são nem harmonia, nem timbre. Ou então progressões nesse domínio de timbre-harmonia, por exemplo, fazendo decomposições sucessivas e contínuas do timbre até a harmonia.

---

33. Mais sobre a relação harmonia-timbre, ver as análises que a compositora finlandesa Kaija Saariaho (1952-) faz sobre sua própria obra, inclusive salientando sua idéia sobre o percurso som-ruído, em Saariaho, 1987, pp. 93-133.

Em relação à aplicação composicional das técnicas e processos descritos anteriormente, Murail trabalha[34] durante o período entre 1975 e 1985, por exemplo, com a simulação de procedimentos eletroacústicos – *loopings* com realimentação em *Mémoire/Erosion*, sistemas de eco e reverberação em *Territoires de l'oubli*, filtragem e mudança de fase em *Ethers* e modulação em anel em *Treize couleurs du soleil couchant* (1978) para cinco instrumentos e dispositivo eletroacústico –, e com simulação de espectros naturais e artificiais por meio da síntese instrumental – reproduções dos sons de sinos[35] e trompete em *Gondwana*, e de sons complexos harmônicos e inarmônicos provenientes de cálculos no sintetizador DX7 em *Time and again* (1985) para orquestra. Vejamos, então, um exemplo mais detalhado da aplicação prática de uma das técnicas dos espectralistas no processo composicional.

No início de *Gondwana* (Transatlantiques EMT 1572), cifra A, compasso 4, pode-se perceber claramente a utilização do processo de FM para a criação do primeiro aglomerado harmônico da peça. Conforme demonstra o exemplo 78 (página seguinte), a partir da definição de uma freqüência modulante (M) de 207,65 Hz (nota $g^{\#}_3$), de uma portadora (P) de 392 Hz (nota g_4) e de um índice de modulação (I) igual a 9, Murail obtém um conjunto de notas-freqüências resultantes da aplicação da fórmula FM = [P +/– (I × M)]. As notas são, então, distribuídas entre os instrumentos da orquestra (ex. 79, página seguinte).

---

34. Mais sobre o assunto, inclusive com análises detalhadas dos procedimentos eletroacústicos aplicados às obras de Murail, ver Murail, 1992; e Humbertclaude, 1999, pp. 61-80.
35. Uma outra obra que é referência no trabalho com sons de sinos é *Mortuos plango, Vivos voco* (1980), para fita magnética, do compositor inglês Jonathan Harvey (1939-).

Exemplo 78
Freqüências e Notas[36] Resultantes do Processo de
FM em *Gondwana* (comp. 4)

$(P + M) = 599,65$ Hz $(d_5\uparrow)$ $\qquad$ $(P - M) = 184,34$ Hz $(f^\#_3)$

$(P + 2M) = 807,3$ Hz $(g_5\uparrow)$ $\qquad$ $(P - 2M) = 23,31$ Hz $(f^\#_0)$

$(P + 3M) = 1\,014,95$ Hz $(b_5\uparrow)$ $\qquad$ $(P - 3M) = 230,96$ Hz $(a^\#_3)$

$(P + 4M) = 1\,222,6$ Hz $(d^\#_6)$ $\qquad$ $(P - 4M) = 438,61$ Hz (a_4)

$(P + 5M) = 1\,430,26$ Hz $(f_6\uparrow)$ $\qquad$ $(P - 5M) = 646,27$ Hz (e_5)

$(P + 6M) = 1\,637,91$ Hz (a_{b6}) $\qquad$ $(P - 6M) = 853,92$ Hz $(g^\#_5\uparrow)$

$(P + 7M) = 1\,845,56$ Hz (b_{b6}) $\qquad$ $(P - 7M) = 1\,061,57$ Hz (c_6)

$(P + 8M) = 2\,053,21$ Hz (c_7) $\qquad$ $(P - 8M) = 1\,269,22$ Hz (e_{b6})

$(P + 9M) = 2\,260,87$ Hz (d_{b7}) $\qquad$ $(P - 9M) = 1\,476,88$ Hz (g_{b6})

Exemplo 79
Orquestração do Aglomerado Obtido por meio do Processo
de FM em *Gondwana* (comp. 4)[37]

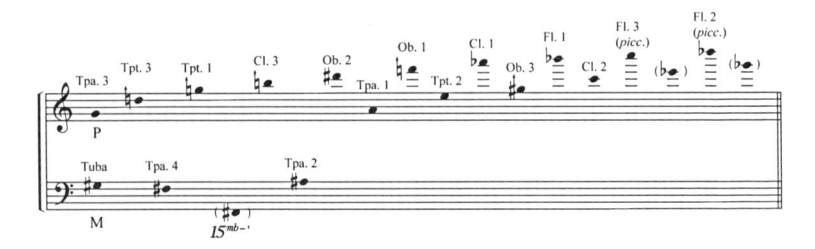

36. Murail arredonda a maior parte das freqüências obtidas no processo de FM para as notas equivalentes no sistema temperado, exceto quando as freqüências estão muito próximas de quartos-de-tom. No ex. 78, o sinal "↑" indica uma nota quarto-de-tom mais alta. Quando o resultado do cálculo da diferença entre portadora (P) e modulante (M) é uma freqüência negativa, há apenas a inversão de fase da onda. Como a nota de freqüência negativa é igual à sua equivalente de freqüência positiva, a distinção de fase não é considerada no processo.

37. As notas entre parênteses não são tocadas por instrumento algum. No início da peça, as flautas 2 e 3 são substituídas por *piccolos*.

Afora os procedimentos técnicos da Música Espectral, outras importantes questões se colocam a respeito das idéias de Grisey e Murail sobre objeto sonoro, forma e processo. Conforme as explicações do próprio Murail sobre a construção de sua peça *Mémoire/ Erosion* (Murail, 1992, pp. 59-61), pode-se compreender inicialmente como a idéia de processo define a forma musical para os espectralistas. A partir dos sons iniciais emitidos pela trompa solista, e, após um certo intervalo de tempo, reemitidos com alterações pelos outros instrumentos, constata-se a ação de um processo de erosão, que modifica e desgasta os contornos do sinal original, destruindo gradativamente suas estruturas. Verifica-se na obra um processo de entropia positiva, isto é, uma passagem progressiva da ordem para a desordem ao longo do tempo, das definidas estruturas oriundas da trompa no início à indiferenciação total do ruído branco no final. O processo de saturação de *Mémoire/Erosion* também permite a integração dos "[...] sons ruidosos de maneira imperceptível e contínua, passando por todas as formas de sons complexos" (Murail, 1992, p. 61).

Murail ainda propõe uma escritura composicional ideal, em que encontraríamos "um paralelismo entre estruturas de sons e formas musicais" (Murail, 1992, p. 69). Ambos os critérios obedeceriam aos mesmos princípios de organização. Como já havia afirmado Varèse, não haveria mais distinção entre material e forma[38]. Um se derivaria e se confundiria com o outro. Desse modo, a estrutura temporal do som é tomada como o gérmen da forma na Música Espectral. Mas as conclusões não são tão imediatas. Há outros fatores em jogo em um som. Para Grisey (Grisey, 1987, pp. 268-269), o objeto sonoro é transitório, pois não se define em um

---

38. Ver mais sobre o assunto no capítulo 2, item 2.2., deste livro.

momento isolado. Ao viajarmos no interior de um som observan-
do sua estrutura interna, descobrimos, como explica Murail
(Murail, 1992, p. 57):

> [...] que um som não é uma entidade estável e permanentemente idên-
> tica a si mesma, como podem nos sugerir as notas abstratas de uma partitura
> e que toda a nossa tradição musical é baseada nessa assimilação da coisa real
> pelo símbolo, mas que todo o som é na verdade essencialmente variável, não
> somente a cada vez que é "tocado", evidentemente, mas também no interior
> de sua própria duração (aspas no original).

Murail sugere que, em vez de descrever os sons por meio dos
parâmetros de timbre, altura, intensidade e duração, "[...] seria
mais realista, mais conforme a realidade física e da percepção,
considerá-lo como um campo de forças, cada força tendo sua própria evolução" (Murail, 1992, p. 57). O objeto sonoro é, portanto,
o campo direcional das forças no tempo e as forças são os personagens que se transformam. O dinamismo interno do objeto sonoro torna-se perceptível, então, pelo processo. Grisey conclui[39]:

> Como o som é transitório, [...] *objeto e processo são análogos. O objeto*
> *sonoro é somente um processo que foi contraído, o processo nada mais é que um*
> *objeto sonoro dilatado.*

Em relação ao fluxo discursivo, os espectralistas fazem uma
opção clara pelo dinamismo contínuo de suas formas musicais.
Grisey reconhece, entretanto, que o que se ganha em dinamismo,
perde-se em imprevisibilidade, e vice-versa (Grisey, 1987, p. 253).
Na categoria temporal, por exemplo, a continuidade dos aceleran-

---

39. Cf. Grisey, 1987, p. 269 (trad. do Autor; grifos no original).

dos e desacelerandos agógicos e a periodicidade das durações estão associadas, para Grisey, à percepção de ordem e previsibilidade. Já a distribuição probabilística e descontínua das durações associa-se à desordem e à imprevisibilidade (Grisey, 1987, p. 244). Para Grisey (Grisey, 1987, p. 259), a continuidade e a previsibilidade expandem o tempo, oferecendo a duração necessária para um mergulho na estrutura interna do som, como se houvesse uma lente de aproximação espectral. A descontinuidade e a imprevisibilidade, inversamente, contraem o tempo e perturbam seu desdobramento linear, prejudicando a atenção no objeto sonoro. Para Grisey, quando a percepção está focada pela lente de aproximação microscópica no *continuum* do som, as estruturas globais desaparecem. Esse é, portanto, o objetivo dos espectralistas: uma parada do discurso musical tradicional e o favorecimento da memória instantânea, imediata sobre o evento sonoro. Logo, a forma global é uma emanação, uma ampliação do momento (Grisey, 1987, p. 272), sempre contínua e previsível.

Como afirma Anderson (Anderson, 1993, p. 321), a obsessão orgânica dos espectralistas franceses pela continuidade os coloca muito distantes da tradição de descontinuidade e justaposição de objetos sonoros da música francesa do século XX, com Debussy, Varèse, Messiaen e Boulez. Essa continuidade proporciona um dinamismo formal, mas não se pode falar em forma dinâmica adorniana na Música Espectral, pois não há o motivo, a figura que se transforma. O som é o personagem que se metamorfoseia, é o elemento motriz do discurso. Para a Música Espectral, entretanto, ainda permanece um delicado ponto crítico: a uniformidade discursiva decorrente do excesso de continuidade e previsibilidade no decurso das obras. A continuidade é, na Música Espectral, um pré-requisito para a apreensibilidade de suas transformações e, ao mesmo tempo, um problema. Com a ausência de desvios e cortes, com as interpolações sempre graduais e direcionais entre estabilidade harmônica e instabilidade inarmônica e com a periodicidade e regularidade de suas estruturas temporais, os espectralistas estão muito distantes das montagens, sobreposições e simultaneidades que possibilitam a complexidade do discurso musical[40]. A questão final que se coloca é: como aliar a riqueza material do mundo espectral e de suas diversas técnicas de manipulação do objeto sonoro com um trabalho discursivo complexo?

40. Crítica parcialmente reconhecida por Murail no seu artigo *After-thoughts* (Murail, 2000, pp. 5-9), já que o compositor fala em uma excessiva direcionalidade e previsibilidade nas obras dos anos de 1970, mas alega que, a partir de *Gondwana* (1980), sinais de rupturas nas evoluções contínuas já são encontrados.

Conclusão

Vimos, no primeiro capítulo deste livro, alguns aspectos da organização formal da música do século XX. Iniciamos nossa argumentação apresentando a visão de Adorno sobre a "forma musical dinâmica" e seu tempo linear progressivo, para, a seguir, confrontá-la com outras possibilidades de estruturação do percurso temporal que utilizam as técnicas de montagem, corte e sobreposição: a descontinuidade, os blocos e a simultaneidade de fluxos distintos. Discutimos, além disso, a função estrutural dos novos procedimentos de variação dos elementos rítmicos, melódicos e harmônicos, com enfoque no trabalho composicional sobre os perfis, a permutação de figuras, as dinâmicas, as conexões, as proporções, as fusões harmônicas, as deformações, as ressonâncias, os andamentos, o registro e o timbre. Prosseguimos analisando os procedimentos irregulares, descontínuos e não-sistemáticos de variação do material, que criam formas musicais complexas irredutíveis a um elemento germinador inicial. Foram ainda explicadas as possibilidades de agenciamento de estruturas por sobreposição, como as heterofonias e polifonias, inclusive as entre elementos heterogêneos. Discutimos as forças de atração e separação resultantes desses processos. Vimos também o conceito bouleziano de responsabilidade, isto é, o controle por meio de relações estabelecidas na organização dos elementos nas formas resultantes da sobreposição. Concluímos, então, que a multiplicidade decorrente da utilização das novas formas de organização musical apresentadas atua diretamente na consistência e espessura da obra complexa.

No segundo capítulo, vimos como o timbre torna-se uma dimensão produtiva do processo composicional da música do século XX. Analisamos obras que explicitam a técnica de coloração das alturas, como as *Klangfarbenmelodien*. Nessas obras, a qualidade do som é realçada como o principal elemento funcional de estruturação discursiva. A nova hierarquia alcançada pelo timbre na primeira metade do século XX, principalmente após Varèse, com suas massas sonoras e seus aglomerados e compostos tímbricos, sedimenta a idéia de uma composição construída diretamente sobre a transformação do objeto sonoro, inclusive com a consideração dos fenômenos físico-acústicos para a escuta. A concepção de forma como resultado de um processo desconsidera totalmente os modelos arquiteturais de organização musical estabelecidos anteriormente, lançando o compositor em um novo e infinito universo de possibilidades. O trabalho de Varèse na construção de novas entidades harmônicas e de novos procedimentos de derivação de materiais, como as rotações, contrações, expansões e distorções, enfim, na intensiva transmutação de seus blocos sonoros heterogêneos, que se fundem e se repelem continuamente, revela a presença de novas forças na organização do percurso das obras. Agora, são os processos que delineiam a forma do som que se transforma no tempo. Vimos também como Scelsi nos leva a uma viagem ao centro do som. O enfoque dado pelo compositor italiano na sensibilização das microvariações dos elementos tímbricos, explorando os movimentos internos do som, mergulham a escuta em um universo aparentemente fixo de alturas, no qual a qualidade do timbre assume a função mutável em um tempo estendido. Dessa forma, a estruturação do fluxo temporal é realizada essencialmente pela dimensão tímbrica.

No terceiro capítulo aprofundamos nossas observações sobre as noções de processo e textura. Vimos que compositores como Xenakis e Ligeti trabalham com a mutação do som, criando fenômenos complexos de massas sonoras que se movimentam continuamente. Novos conceitos aparecem para especificar e qualificar a idéia de textura, como campo, densidade, velocidade, distribuição e permeabilidade. Os compositores atuam na transformação de estados sonoros por meio de eventos contrastantes capazes de modificar a estrutura global. A transformação é irreversível, já que o processo cria um novo estado sonoro e só um diferente tipo de evento é capaz de alterá-lo novamente. Em Ligeti, por exemplo, as texturas são o resultado da submissão das figuras rítmicas e melódicas ao tecido sonoro, à trama polifônica das microlinhas. As figuras tornam-se neutras, perdendo sua individualidade dentro de um complexo mais homogêneo. A técnica de entretecimento de linhas melódicas de Ligeti, conhecida como micropolifonia, organiza as entradas e durações das notas de cada voz a fim de que, durante um determinado período de tempo, um aglomerado harmônico específico seja ouvido com uma constante movimentação interna, isto é, uma flutuação sonora. Ligeti utiliza geralmente as imitações canônicas como procedimento contrapontístico de suas micropolifonias. Porém, é importante notar que esse processo é diferente da forma dinâmica de Adorno, já que as linhas melódicas são irredutíveis a um elemento motívico inicial. A permutação atua intensivamente sobre as notas contidas dentro dos limites impostos de registro da estrutura harmônica, seja ela um *cluster* ou uma série de notas, não caracterizando uma transformação linear de elementos germinadores. São as qualidades das texturas que se transformam continuamente e fazem o tempo passar. Em Ligeti, não encontramos os blocos sonoros de Stravinsky ou mesmo de Varèse. O *continuum* sonoro de Ligeti existe na transformação progressiva das texturas, mas o processo está sempre sujeito à variação inesperada, ao corte, à quebra de expectativa decorrente dos eventos que modificam os estados que se sucedem.

Já no último item do terceiro capítulo, que trata da Música Espectral, apresentamos um breve histórico do movimento e suas principais obras. As novas idéias composicionais, como a síntese instrumental e a anamorfose sonora entre outras, foram explicadas. Além disso, vimos também os principais procedimentos técnicos que são aplicados nas obras, com o enfoque principalmente na modulação de freqüência e na modulação em anel. Esclarecemos as relações entre harmonia-timbre e espectro-timbre, além da fundamental importância das noções de fusão e fissão sonora para a realização da proposta espectral. Aprofundamos alguns conceitos de Grisey e Murail sobre forma, processo e objeto sonoro, chegando inclusive à principal definição de processo para os espectralistas: "[...] um objeto sonoro dilatado" (Grisey, 1987, p. 269). Dessa maneira, a proposta espectral aproxima e relaciona diretamente a escritura interna da escritura externa do objeto sonoro, já que a própria constituição do som, seu aspecto quantificável, define a forma musical por meio do processo escolhido pelo compositor.

Entretanto, o principal ponto da exposição final do terceiro e último capítulo foi a questão levantada acerca da idéia de continuidade na Música Espectral, um pré-requisito para a apreensibilidade de suas transformações mas, ao mesmo tempo, um problema. Distantes das montagens, sobreposições e simultaneidades que possibilitam a complexidade do discurso musical, os espectralistas mergulham na uniformidade decorrente do excesso de continuidade e previsibilidade no decurso de suas obras. Resolver como explorar a enorme riqueza do material espectral, superando a excessiva uniformidade discursiva, ainda é um dos desafios da geração espectralista.

Acreditando nas qualidades de criação de diversas propostas musicais do passado, como as de consistência, exatidão e multiplicidade, este livro procurou apontar alguns caminhos para o futuro.

ANEXOS

1. Projeção gráfica em *The Unanswered Question* de Charles Ives

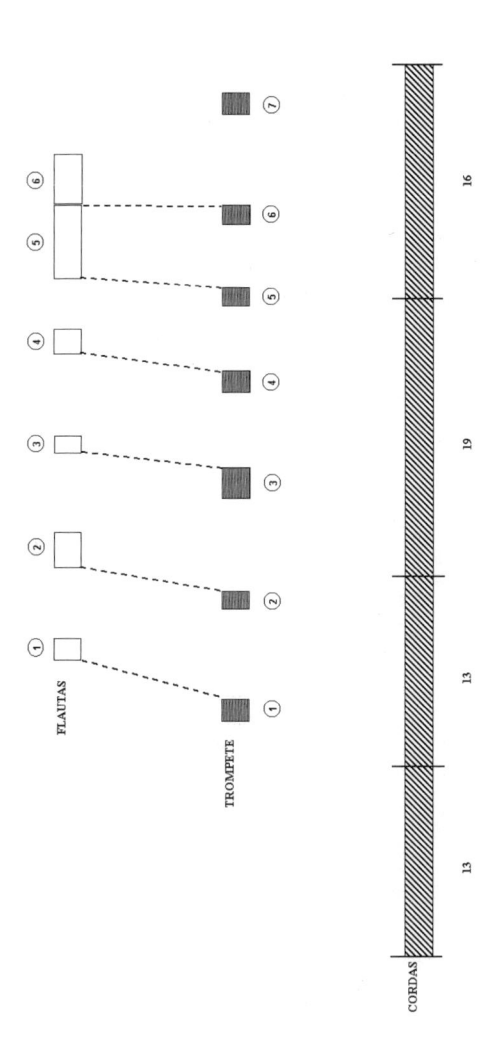

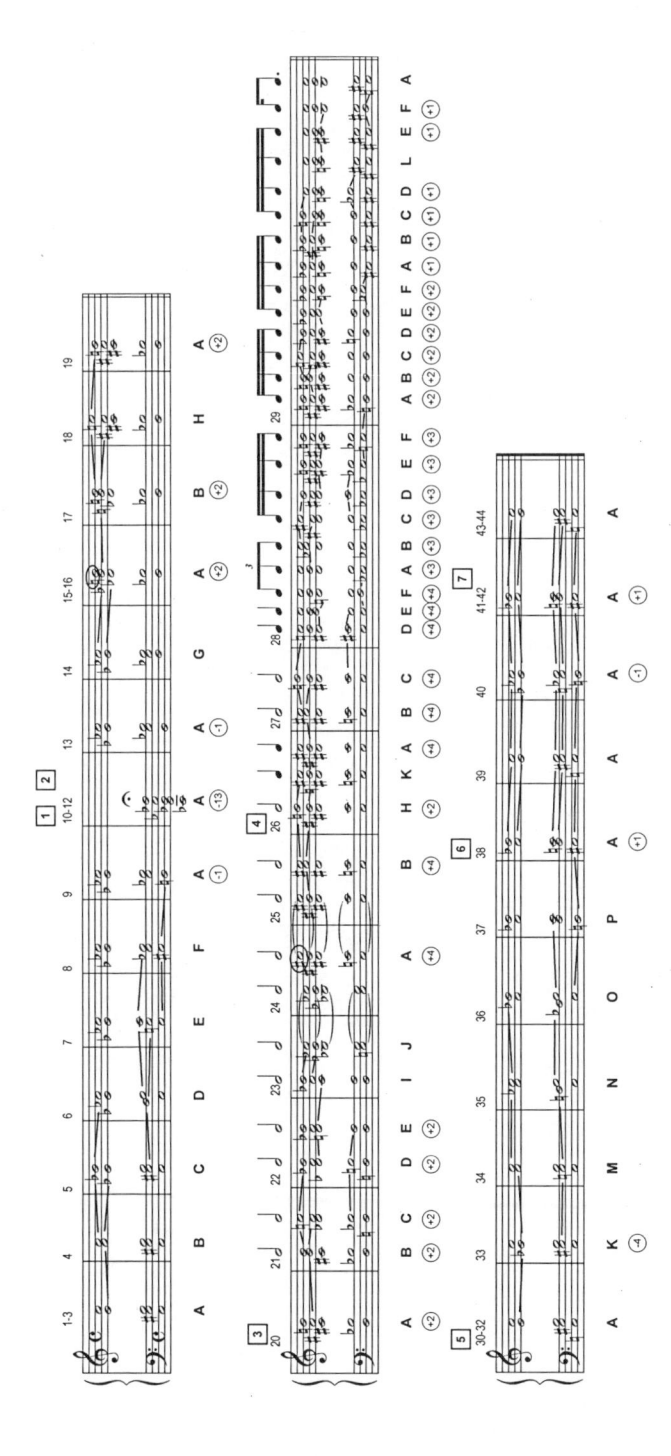

III. AS QUATRO SÉRIES DODECAFÓNICAS UTILIZADAS NA *SINFONIA*,
OP. 21 DE WEBERN

Original

Original 3ª Maior Acima

Inversão

Inversão 3ª Maior Abaixo

IV. Trecho inicial da *Sinfonia*, op. 21 de Webern

Ruhig schreitend ($\dot{\circ}$ = ca. 50)

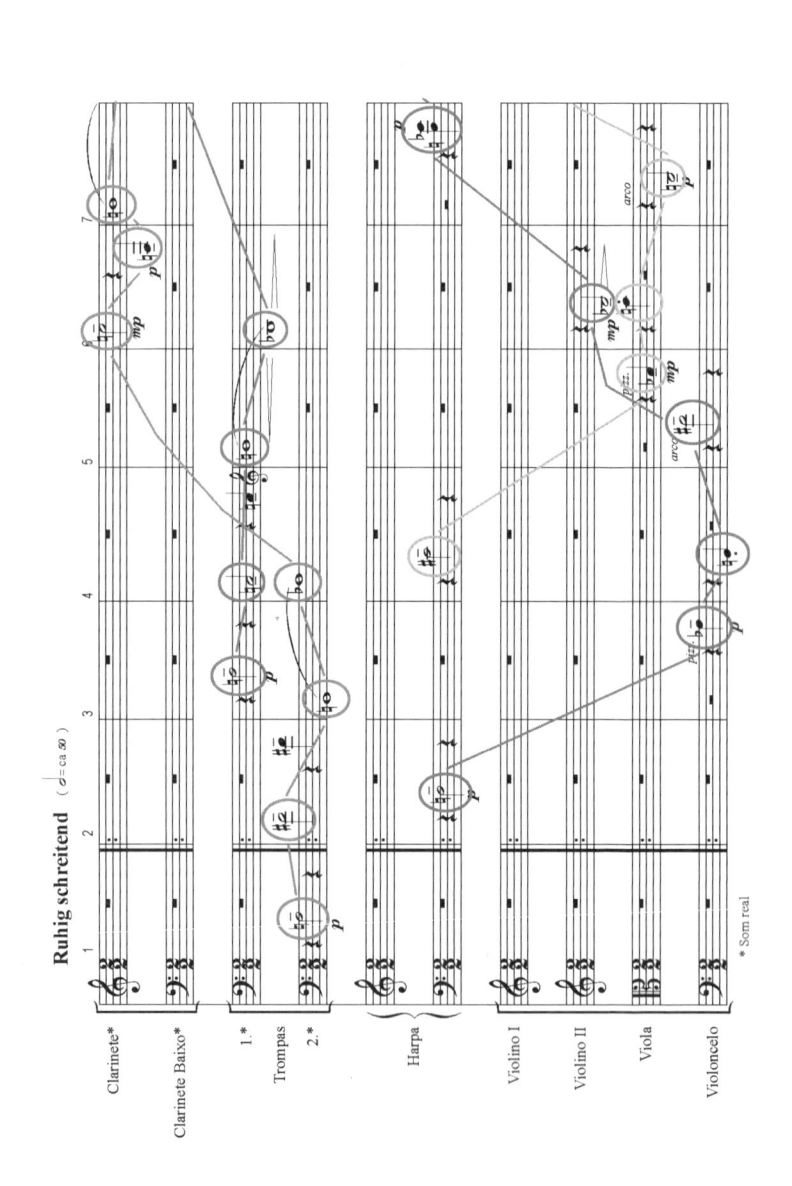

* Som real

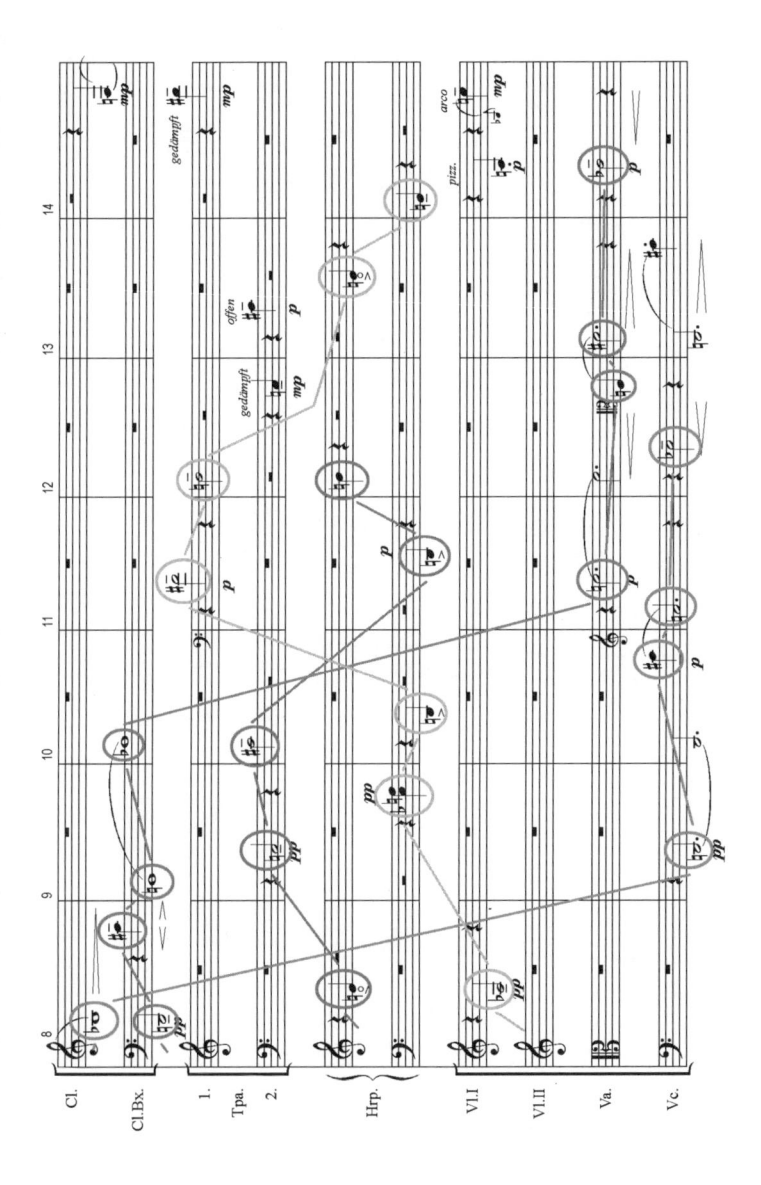

BIBLIOGRAFIA

ADORNO, T. W. *Filosofia da Nova Música*. São Paulo, Perspectiva, 1989.

ANDERSON, J. "A Provisional History of Spectral Music", *Contemporary Music Review*, vol. 19, parte 2, Reading, Harwood Academic Publishers, 1994, pp. 35-48.

_____. "In Harmony", *The Musical Times*, vol. 134, n. 1804, Berkhamsted, The Musical Times Publications, 1993, pp. 321-323.

_____. "La note juste", *The Musical Times*, vol. 136, n. 1823, Berkhamsted, The Musical Times Publications, 1995, pp. 22-27.

_____. "La Musique Spectrale". *Voix Nouvelles*. Royaumont, Fondation Royaumont, 1991, pp. 4-6.

BAILLET, J. *Gérard Grisey: Fondements d'une écriture*. Paris, L'Itinéraire, 2000.

BALTENSPERGER, A. *Iannis Xenakis und die Stochastische Musik*. Zurique, Paul Haupt, 1995.

BARRIÈRE, J. C. (org.). *Le Timbre, métaphore pour la composition*. Paris, IRCAM, 1991.

BERIO, L. *Entrevista sobre a Música Contemporânea* (realizada por Rossana Dalmonte). Rio de Janeiro, Civilização Brasileira, 1996.

BÖTTINGER, P. "Zeitgestaltung", *Musik-Konzepte – Iannis Xenakis*, n. 54-55, Munique, edition text+kritik, 1987, pp. 43-70.

BOULEZ, P. *A Música Hoje 2*. São Paulo, Perspectiva, 1992.

———. *Apontamentos de Aprendiz*. São Paulo, Perspectiva, 1995.

———. *Le pays fertile*. Paris, Gallimard, 1989.

———. "Le timbre et l'écriture – Le timbre et le langage". In: Barrière, J. C. (org.). *Le Timbre, métaphore pour la composition*. Paris, IRCAM, 1991, pp. 541-549.

———. *Penser la musique aujourd'hui*. Paris, Gonthier, 1963.

Burkhart, C. "Schoenberg's *Farben*", *Perspectives of New Music*, vol. 12, Seattle, Washington University Press, 1973-1974, pp. 141-172.

Busoni, F. *Ensaio para uma Nova Estética Musical*. Salvador, Universidade Federal da Bahia, 1966.

Campos, A. *Música de Invenção*. São Paulo, Perspectiva, 1998.

Carpentier, A. *Varèse vivant*. Paris, Le Nouveau Commerce, 1980.

Castanet, P. A. "Musiques espectrales: nature organique et matériaux sonore au 20ᵉ siècle". *Dissonanz 20*. Zurique, Association des musiciens suisse, 1989, pp. 4-9.

Chion, M. *Guide des objets sonores*. Paris, Institut National de l'Audiovisuel & Buchet/Chastel, 1983.

Chowning, J. "A Síntese de Espectros Sonoros Complexos por Meio da Modulação de Freqüência". In: Menezes, F. (org.). *Música Eletroacústica, História e Estéticas*. São Paulo, Edusp, 1996, pp. 191-204.

Clendinning, J. P. "The Pattern-Meccanico Compositions of György Ligeti", *Perspectives of New Music*, vol. 31, n. 1, Seattle, Washington University Press, 1993, pp. 192-234.

Cornicello, A. *Timbral Organization in Tristan Murail's Désintégrations*. Tese de doutorado apresentada a Brandeis University em 2000.

Costère, E. *Lois et Styles des Harmonies Musicales*. Paris, PUF, 1954.

———. *Mort ou transfigurations de l'harmonie*. Paris, PUF, 1962.

Cowell, H. *New Musical Resources*. New York, Cambrige University Press, 1996.

Delalande, F. *"Il faut être constamment un immigré" – Entretiens avec Xenakis*. Paris, Institut National de l'Audiovisuel & Buchet/Chastel, 1997.

Deleuze, G. *Francis Bacon – Logique de la sensation*. Paris, Éditions de la Différence, 1981.

Eldénius, M. *Formalised Composition, on the Spectral and Fractal Trails*. Tese de doutorado apresentada a Göteborg University em 1998.

FERNEYHOUGH, B. "Form-Figure-Style: An Intermediate Assessment", *Perspectives of New Music* vol. 31, n. 1, Seattle, Washington University Press, 1993a, pp. 32-40.

_____. "Il Tempo della Figura", *Perspectives of New Music*, vol. 31, n. 1, Seattle, Washington University Press, 1993b, pp. 10-19.

_____. "The Tactility of Time", *Perspectives of New Music*, vol. 31, n. 1, Seattle, Washington University Press, 1993c, pp. 20-30.

FERRAZ, S. "Análise e Percepção Textural". *Cadernos de Estudo: Análise Musical*, n. 3. São Paulo, Atravéz, 1990, pp. 68-79.

_____. *Música e Repetição*. São Paulo, EDUC, 1998.

_____. "Varèse: A Composição por Imagens Sonoras", *Música Hoje*, vol. 16, Belo Horizonte, Escola de Música da UFMG, 2002, pp. 8-30.

FINEBERG, J. N. *Sculpting Sound: an introduction to the Spectral Movement – its ideas, techniques and music*. Tese de doutorado apresentada a Columbia University em 1999.

FORTE, A. *The Structure of Atonal Music*. New Haven, Yale University Press, 1973.

FRANÇOIS, J. C. "Organization of Scattered Timbral Qualities: a Look at Edgard Varèse's *Ionisation*", *Perspectives of New Music*, vol. 29, n. 1, Seattle, Washington Univ. Press, 1991, pp. 48-79.

GARANT, D. *Tristan Murail: une expression musicale modélisée*. Paris, L'Harmattan, 2001.

GRIFFITHS, P. *A Música Moderna*. Rio de Janeiro, Jorge Zahar, 1987.

_____. *György Ligeti*. London, Robson Books, 1997.

GRISEY, G. "Did you Say Spectral?", *Contemporary Music Review*, vol. 19, parte 3, Reading, Harwood Academic Publishers, 2000, pp. 1-3.

_____. *"Tempus ex Machina*: A composer's reflections on musical time", *Contemporary Music Review*, vol. 2, parte 1, Reading, Harwood Academic Publishers, 1987, pp. 239-275.

_____. "Structuration des timbres dans la musique instrumentale". In: BARRIÈRE, J. C. (org.). *Le Timbre, métaphore pour la composition*. Paris, IRCAM, 1991, pp. 352-385.

HELMHOLTZ, H. *On the Sensations of the Tone*. New York, Dover, 1954.

HERVÉ, J. L. *Dans le vertige de la durée*. Paris, L'Harmattan, 2001.

HICKS, M. "Interval and Form in Ligeti's *Continuum* and *Coulée*", *Perspectives of New Music*, vol. 31, n. 1, Seattle, Washington University Press, 1993, pp. 172-190.

HUMBERTCLAUDE, É. *La transcription dans Boulez et Murail*. Paris, L'Harmattan, 1999.

JEPPESEN, K. *Counterpoint: the polyphonic vocal style of the sixteenth century*. New York, Dover, 1992.

_____. *The Style of Palestrina and the Dissonance*. New York, Dover, 1970.

KAUFMANN, H. "Figur in Weberns erster Bagatelle", *Musik-Konzepte – Sonderband Anton Webern II*, Munique, edition text+kritik, 1984, pp. 338-341.

LACHENMANN, H. "Klangtypen der Neuen Musik". *Musik als existentielle Erfahrung*. Wiesbaden, Breitkopf & Härtel/Insel Verlag, 1996, pp. 1-20.

LIGETI, G. "Wandlungen der musicalischen Form", *Die Reihe*, vol. 7, Viena, Universal Editions, 1960, pp. 5-17.

_____. "Aspekte der Webernschen Kompositionstechnik", *Musik-Konzepte – Sonderband Anton Webern II*, Munique, edition text+kritik, 1984, pp. 51-104.

_____. "d'*Atmosphères* à *Lontano* (entrevista com Josef Häusler)", *Musique em Jeu*, n. 15, Paris, Éditions du Seuil, 1974, pp. 110-119.

_____. "States, Events, Transformations", *Perspectives of New Music*, vol. 31, n. 1, Seattle, Washington University Press, 1993, pp. 164-171.

LOHNER, H. "Explosion und Klangfarbe in *Metastaseis* und *Akea*", *Musik-Konzepte – Iannis Xenakis*, n. 54/55, Munique, edition text+kritik, 1987, pp. 28-42.

MENEZES, F. *Apoteose de Schoenberg*. São Paulo, Ateliê Editorial, 2002.

_____. "Micro-Macrodirecionalidades em *Weberg*". *Cadernos de Estudo: Análise Musical*, n. 5. São Paulo, Atravéz, 1992, pp. 21-54.

_____. *Luciano Berio et la Phonologie*. Frankfurt, Peter Lang, 1993.

_____. *Música Eletroacústica, História e Estéticas*. São Paulo, Edusp, 1996.

MESQUITA, M. *Aspectos da Articulação Temporal na Música Instrumental do Século XX*. Dissertação de Mestrado apresentada ao Instituto de Artes da Universidade de Campinas em 1995.

_____. "*Ionisation* de Edgard Varèse", *Música Hoje*, vol. 3, Belo Horizonte: Escola de Música da UFMG, 1997, pp. 70-77.

MESSIAEN, O. *Musique et Couleur*. Paris, Belfond, 1998.

_____. *Technique de mon langage musical.* Paris, Leduc, 1944.

_____. *Traité de rythme, de couleur et d'ornithologie,* tomo I. Paris, Leduc, 1994.

_____. *Traité de rythme, de couleur et d'ornithologie,* tomo II. Paris, Leduc, 1995.

_____. *Traité de rythme, de couleur et d'ornithologie,* tomo III. Paris, Leduc, 1996.

MICHEL, P. *György Ligeti.* Paris, Minerve, 1995.

MORRISON, C. "Stepwise Continuity as a Structural Determinant in György Ligeti's *Ten Pieces for Wind Quintet*", *Perspectives of New Music,* vol. 24, n. 1, Seattle, Washington University Press, 1985, pp. 158-182.

MURAIL, T. "A Revolução dos Sons Complexos". *Cadernos de Estudo: Análise Musical,* n. 5. São Paulo, Atravéz, 1992, pp. 55-72.

_____. "After-thoughts", *Contemporary Music Review,* vol. 19, parte 3, Reading, Harwood Academic Publishers, 2000, pp. 5-9.

_____. "Questions de cible", *Entretemps nº 8,* Lausanne, CNL, 1989, pp. 147-172.

NONO, L. *Écrits.* Paris, Christian Burgeois, 1993.

PASCOAL, M. L. "Debussy, o Compositor de Sonoridades". *Cadernos de Estudo: Análise Musical,* n. 4. São Paulo, Atravéz, 1991, pp. 1-13.

PERSICHETTI, V. *Twentieth Century Harmony.* New York, W.W. Norton & Company, 1961.

POUSSEUR, H. "L'Apothéose de Rameau (Essai sur la question harmonique)", *Musiques nouvelles,* tomo XXI, fasc. 2-4 da *Revue esthétique,* Paris, Éditions Klincksieck, 1968, pp. 105-170.

_____. "Pour une Périodicité Géneralisée". *Fragments théoriques I – sur la musique expérimentale.* Bruxelas, Éditions de l'Institut de Sociologie – Université Libre de Bruxelles, 1970, pp. 241-290.

_____. "Weberns organische Chromatik (1. Bagatelle)", *Die Reihe,* vol. 2, Viena, Universal Edition, 1955, pp. 56-65.

PRATELLA, B. "Manifesto dos Musicistas Futuristas". In: BERNARDINI, A. F. (org.). *O Futurismo Italiano.* São Paulo, Perspectiva, 1980, pp. 45-62.

REESE, G. *Music in the Middle Ages.* New York, W. W. Norton & Company, 1940.

REIPRICH, B. "Transformation of Coloration and Density in György Ligeti's

Lontano", *Perspectives of New Music*, vol. 16, n. 2, Seattle, Washington University Press, 1978, pp. 167-180.

ROSE, F. "Introduction to the Pitch Organization of French Spectral Music", *Perspectives of New Music*, vol. 34, n. 2, Seattle, Washington University Press, 1996, pp. 6-39.

RUSSOLO, L. "A Arte dos Ruídos – Manifesto Futurista". In: MENEZES, F. (org.). *Música Eletroacústica, História e Estéticas*. São Paulo, Edusp, 1996, pp. 51-55.

SAARIAHO, K. "Timbre and harmony: interpolations of timbral structures", *Contemporary Music Review*, vol. 2, parte 1, Reading, Harwood Academic Publishers, 1987, pp. 93-133.

SABBE, H. "Synästhesie", *Musik-Konzepte – György Ligeti*, n. 53, Munique, edition text+kritik, 1987, pp. 84-88.

SANTAELLA, L. *A Teoria Geral dos Signos*. São Paulo, Pioneira, 2000.

SCELSI, G. "Sinn der Musik", *Musik-Konzepte – Giacinto Scelsi*, n. 31, Munique, edition text+kritik, 1983, pp. 3-9.

SCHAEFFER, P. *Traité des Objets Musicaux*. Paris, Éditions du Seuil, 1966.

SCHNEBEL, D. "Der körperlich Klang", *Musik-Konzepte – Edgard Varèse*, n. 6, Munique, edition text+kritik, 1983, pp. 6-10.

SCHOENBERG, A. *Fundamentos da Composição Musical*. São Paulo, Edusp, 1993.

————. *Harmonia*. São Paulo, Unesp, 1999.

————. *Style and Idea*. Berkeley, University of California Press, 1984.

SCHULLER, G. "Gespräch mit Varèse", *Musik-Konzepte – Edgard Varèse*, n. 6, Munique, edition text+kritik, 1983, pp. 46-51.

SCIANNAMEO, F. "Rememberig Scelsi", *The Musical Times*, vol. 142, n. 1875, Berkhamsted, The Musical Times Publications, 2001, pp. 22-26.

SMALLEY, D. "Defining Timbre – Refining Timbre", *Contemporary Music Review*, vol. 10, parte 2, Reading, Harwood Academic Publishers, 1994, pp. 35-48.

————. "Spectro-morphology and Structuring Processes". *The Language of Electroacoustic Music*. New York, Harwood Academic Publishers, 1986, pp. 61-93.

STOCKHAUSEN, K. "…wie die Zeit vergeht…", *Die Reihe*, vol. 3, Viena, Universal Edition, 1957, pp. 10-40.

————. "A Unidade do Tempo Musical". In: MENEZES, F. (org.). *Música Eletroacústica, História e Estéticas*. São Paulo, Edusp, 1996, pp. 141-149.

STOÏANOVA, I. *Geste-texte-musique*. Paris, Union générale d'éditions, 1978.

_____. *Manuel d'analyse musicale (Les formes classiques simples et complexes)*. Paris, Minerve, 1996.

_____. *Manuel d'analyse musicale (Variations, sonate, formes cycliques)*. Paris, Minerve, 2000.

STRAWN, J. "The *Intégrales* of Edgard Varèse", *Perspectives of New Music*, vol. 17, n. 1, Seattle, Washington University Press, 1978, pp. 138-160.

TOOP, R. "L'illusion de la surface", *Contrechamps*, n. 12-13, Paris, L'Âge d'homme, 1990, pp. 61-96.

_____. *György Ligeti*. Londres, Phaidon, 1999.

_____. "On Complexity", *Perspectives of New Music*, vol. 31, n. 1, Seattle, Washington University Press, 1993, pp. 42-57.

TREMBLAY, G. "Acoustique et forme chez Varèse", *La Revue Musicale*, n. triplo 383-384-385, Paris, Éditions Richard-Masse, 1985, pp. 29-46.

TREMBLAY, G. & MACHE, F. B. "Analyse d'*Intégrales*", *La Revue Musicale*, n. triplo 383-384-385, Paris, Éditions Richard-Masse, 1985, pp. 113-132.

VARÈSE, E. "Die Befreiung des Klangs", *Musik-Konzepte – Edgard Varèse*, n. 6, Munique, edition text+kritik, 1983, pp. 11-24.

VARGA, B. A. *Conversations with Iannis Xenakis*. London, Faber and Faber, 1996.

VIVIER, O. *Varèse*. Paris, Éditions du Seuil, 1973.

WEN-CHUNG, C. "Ionisation", *Musik-Konzepte – Edgard Varèse*, n. 6, Munique, edition text+kritik, 1983, pp. 52-74.

WILSON, P. N. "Vers une écologie des sons", *Entretemps n° 8*, Lausanne, CNL, 1989, pp. 55-81.

XENAKIS, I. *Formalized Music*. Hillsdale, Pendragon Press, 1992.

_____. *Musique et originalité*. Paris, Séguier, 1996.

_____. "Concerning Time", *Perspectives of New Music*, vol. 27, n. 1, Seattle, Washington University Press, 1989, pp. 84-92.

_____. "Xenakis on Xenakis", *Perspectives of New Music*, vol. 25, n. 1-2, Seattle, Washington University Press, 1987, pp. 16-63.

ZELLER, H. R. "Das Ensemble der Soli", *Musik-Konzepte – Giacinto Scelsi*, n. 31, Munique, edition text+kritik, 1983, pp. 24-66.

Título	Ouvir o Som
Autor	Paulo Zuben
Produção Editorial	Aline E. Sato
Revisão	Geraldo Gerson de Souza
Editoração Eletrônica	Amanda E. de Almeida
Capa	Ana Paula Fujita
	Negrito Design
Papel de Miolo	Pólen Soft 80 g/m²
Papel de Capa	Cartão Supremo 250 g/m²
Formato	14 x 21 cm
Número de Páginas	185
Tipologia	Minion
Fotolito	Liner Fotolito
Impressão	Lis Gráfica